民国女子那般美丽

随园散人／著

经济日报出版社

图书在版编目（CIP）数据

民国女子那般美丽 / 随园散人著 . —— 北京：经济日报出版社，2016.8

ISBN 978-7-80257-951-4

Ⅰ.①民… Ⅱ.①随… Ⅲ.①女性—名人—生平事迹—中国—民国 Ⅳ.① K828.5

中国版本图书馆 CIP 数据核字（2016）第 108432 号

民国女子那般美丽

作　者	随园散人
责任编辑	张　丹
出版发行	经济日报出版社
地　址	北京市西城区白纸坊东街 2 号（邮政编码：100054）
电　话	010-63567691（编辑部）63538621（发行部）
网　址	www.edpbook.com.cn
E-mail	edpbook@126.com
经　销	全国新华书店
印　刷	北京鑫瑞兴印刷有限公司
开　本	880×1230 毫米　32 开
印　张	7.75
字　数	150 千字
版　次	2016 年 8 月第一版
印　次	2016 年 8 月第一次印刷
书　号	ISBN 978-7-80257-951-4
定　价	36.00 元

版权所有　盗版必究　印装有误　负责调换

序言

人比烟花寂寞

雨打芭蕉，憔悴了陈年旧事。

绚烂的花开花落，缠绵的月圆月缺。

浮华背后，岁月无声地站立着。来的来，去的去，是行人；聚的聚，散的散，是尘缘。许多故事，在繁华中开始，在萧索中结束。从此，你有你的花前月下，我有我的沧海桑田。

终于，读懂了这过客的寂寥。恩仇已颠覆，红尘已苍老。只有悠长的往事，常被人们说起。于是，想起了那段时光，以及战乱下的烟雨江湖。

战火纷飞，人性挣扎；喧嚣浮躁，生命如尘。

那是纷乱的民国。彷徨无计的人们，拾起惨淡的年光，裹了乱世的风雨，走到纸醉金迷的地方，竟也营造出无边的歌舞升平。影影绰绰，是灯火下未央的故事。

那些如风的女子，就在这样的故事里，婉约地徘徊着。

她们，是乱世的红颜。纵是满地尘埃，终是风华绝代。

从喧嚣里走来，在寂静里归去。却又仿佛，从未离去。繁华闹市，古道天涯，都有她们的身影。她们，是泠泠琴弦，飘然风雨之中，拨弄着尘世的意乱情迷。

旗袍下的年华，魅惑众生，却又疏离尘世。

酒杯里的人生，浮沉起落，却又醉意朦胧。

骄傲而任性，飘洒也凄凉。便是她们。寻寻觅觅，冷冷清清，乱世的时光，给了她们美丽，也给了她们哀愁；给了她们明媚，也给了她们忧伤。年华似水，不过是惊鸿一瞥。但她们，依旧活得至情至性。

倾城的，不是容颜，还有往事。爱得无怨无悔，却只能零落成尘，于是，有人决绝转身，有人仍在原地。离开的，未必就是洒脱；留下的，却是真的不舍。无论如何，缘聚缘散，只如花谢花开，谁也没有办法。

灯火人间，此情可待成追忆；

西窗月下，曾经沧海难为水。

但她们，真的曾经爱过，在年华正好的时候。

山野青碑，记录着故事各异的埋葬，苔痕斑驳，草木深深。碑会残破，连埋葬也在悠长的时光里疲惫。生命的荒野，我们相遇又失散，无奈的是我们永远不是故事的主宰。散场之后，淡妆未卸，灯暗楼空。

倾世的红颜，也总要在某年某日，转身天涯。

刹那的芳华，只留给山河岁月。多年以后，还有多少人记得，那些乱世里的姹紫嫣红!

以文字取暖,以情怀度日。

与时光暧昧,与灯火缠绵。

仿佛,浮世的喧响,与她们无关。风花雪月,柴米油盐,她们总能分隔得清清淡淡,又在这清淡之中,素手执笔,描摹出几分画意诗情。于是,风尘与傲骨,不羁与放纵,都变得合情合理。

终于,走过的灯火阑珊,饮过的人情冷暖,经过的离合悲欢,都铺成了回望里的年华沧桑。岁月煮酒,煮出的却是无限的凄凉。

浮华褪尽,人比烟花寂寞。

目录
Contents

序言：人比烟花寂寞 / 001

林徽因：人间四月，诗意千寻 / 001

　　烟雨红颜 / 002

　　花谢水流 / 004

　　烟火幸福 / 010

　　择林而居 / 014

　　诗意千寻 / 019

张爱玲：清欢独自，往事倾城 / 025

　　红尘滚滚 / 026

　　灰色年华 / 028

　　上海传奇 / 033

　　倾城之恋 / 038

　　岁月无声 / 042

 孟小冬：陌上花开，谁与相共 / 049

  红颜何处 / 050

  戏里戏外 / 053

  你若无心 / 058

  曾经沧海 / 063

  轮回寂静 / 069

 阮玲玉：卿本佳人，奈何薄命 / 075

  花落无痕 / 076

  烟视媚行 / 078

  一念半生 / 082

  彼岸烟火 / 087

  卿何薄命 / 092

 陆小曼：一生半累，人归何处 / 099

  别样人生 / 100

  你若盛开 / 102

  为爱而生 / 107

  往事迷离 / 112

  人间余味 / 118

赵四小姐：梨花海棠，红尘绝唱 / 123

乱世情缘 / 124

爱有天意 / 126

岁月无恙 / 131

风尘知己 / 137

梨花海棠 / 141

胡蝶：天涯蝶舞，流年成霜 / 145

刹那红尘 / 146

芳华如梦 / 149

雪蝶纷争 / 153

世事浮沉 / 158

天涯故里 / 163

萧红：飘零尘网，草木春秋 / 171

人间无岸 / 172

浮萍于世 / 174

烟火尘缘 / 179

情断西安 / 183

万事皆空 / 188

 **唐瑛：岁月如诗，美人如故** / 193

  路过岁月 / 194

  锦瑟年华 / 196

  风景独好 / 200

  半亩尘缘 / 205

  步步莲花 / 209

 **石评梅：爱到静默，烟月无边** / 215

  杯中往事 / 216

  评梅女子 / 218

  爱到心灰 / 223

  天涯水湄 / 228

  红尘绝恋 / 232

林徽因：人间四月，诗意千寻

烟雨红颜

红尘即异乡,故地也天涯。

所以我们经常怀疑,生命是否原本就是惨淡经营。

其实,我们都记得,偶然回头时,几缕炊烟、几片霞光曾让我们无限温暖。

可是我们终究走得太快,错过了无数江帆与灯火。

浮华尘世,水月镜花。该珍惜什么,该舍弃什么,我们终会明白。

某年某月,当我们走到西子湖畔,沉醉于湖光水色时,总会蓦然间忆起,尘凡中曾有个女子,素手执笔,写下诗意千寻。

她叫林徽因,如今就安然地站在西湖华港,风姿绰约地看着湖山之间饱满的诗情画意。

突然间,脑海里浮现出那样的画面:一个娴雅的女子,划着小舟,飘入莲花深处,嬉笑着戏水采莲,直到斜阳西去,才缓缓划出,不曾惊起一只鸥鹭,打乱一丝清幽。她如云朵般飘入飘出,只在湖面上留下一道淡淡水痕。不久以后,水痕消逝,只有清澈的水波记得,有个柔婉的女子，曾在莲花之间，安放过年华与心事。

千年以前的采莲女，裙衫上系着岁月如诗。

千年以后的林徽因，姗姗地走过时光不语。

于她，那段尘寰的路，只是悄然地来，默然地走，不愿打扰任何角落的安宁。可是人们却忍不住回望那段岁月，在那里看她风前月下的诗意翩跹。

她可以深沉地爱恋，亦可以洒脱地挥手；

她可以寂静地沉思，亦可以悠然地绽放。

在她的心间，永远存放着一段光阴，属于碧波荡漾的康桥。那里，有个叫徐志摩的男子，曾将她少女的心事揭开，并在康桥的细雨黄昏，带她走向绮丽的梦幻。

那时候，他们看不到花谢花飞的惆怅，人间似乎只有他们两个生命，在自在的田园里携手而行。而当她心中的飞鸟终于落地，蓦然间她明白，风花雪月纵然能给她华丽的回忆，却无法安置她寂静的年华。于是，她走向梁思成。

在她似水的流年里，还有个男子从未向她表白过，却也从未离开。作为哲学家的金岳霖，或许不只是因为爱着林徽因而终身未娶，但人们看到，他总是在她的不远处，照看她的时光。

爱情就是这样神秘。为了爱，有些人远走天涯，有些人不离不弃。可是也有些人选择远远地望着，不打扰那人的时光。其实，若无法拥有，那么，将深爱的人当做最美的风景，静静欣赏，也算对相逢有个交代。

很难想象，诗意的林徽因，竟能将爱与被爱的凌乱线条梳理得

那样清楚，在人们惊讶的目光里，营造出属于她的风轻云淡。

爱情对于她，不是不重要，只不过她要的是岁月静好。她可以在闲暇时打开康桥的那些往事，提起笔，写下几行诗，怀念那泛黄却仍清晰的相逢旧事。偶尔也会感伤，但也只是瞬间扫过心田，她终究是恬淡的女子。

对于林徽因来说，情是春花，诗是秋月，而建筑学却是她最终的选择。为此，她不惜行走于万水千山，于断壁残垣之间寻寻觅觅。

这就是林徽因，真实而又诗意。

既有柴米油盐，亦有风花雪月。

云淡淡，水悠悠。她就在红尘深处的月光水岸，安然地站立着，看夕阳西下，看月影沉浮。她是四月天里的烟雨红颜。

花谢水流

缘起缘灭，云卷云舒。

烟火人间，我们苦苦追寻，希望在某个路口遇见所要遇见的人，可我们终会明白，许多事早已注定。相逢时刻纵然再美好，也敌不过时光无垠。

刹那欢喜，转身天涯。身在红尘，必须面对这样的无奈。缘分，永远如谜。只需瞬间，所有的风景或记忆都可能消逝，只留给我们茫然叹息的地老天荒。

杭州，是林徽因出生的地方。父亲林长民1902年赴日留学，回国后就读于杭州东文学校，后再次东渡日本，于早稻田大学学习政治法律。林长民气质儒雅，善诗文，工书法。林徽因的叔叔、姑姑们也都才华横溢。

这样的家庭出身，造就了诗意的林徽因。她喜欢读书，从小便如此。漫步在书卷里，她看得见白云缭绕，听得见流水潺潺。那是最自在的天地。生命来自偶然，可是冥冥之中早已注定了要走什么样的路，遇到什么样的人，看什么样的风景。

林徽因8岁的时候，其父林长民居住北京，而全家则由杭州移至上海。从此，这位清荷般的女子便离开了杭州古城，那些熟悉的巷陌与月光、楼台与水色，都成了她远方的风景。1916年，林长民在北洋政府任职，12岁的林徽因随全家从上海迁至北京。

无论北京城葬了多少沧桑，她仍是从江南飘向北方的花瓣，带着满身的香气和秀气。时光慢慢走远，而她，则在京华的烟云里，慢慢地走向人海。当她飘然走出时，仍是江南水波里的清荷，似乎不惹尘埃。

1920年，林长民赴欧洲考察西方宪制并在英国讲学，带着林徽因同往。

秋天，林徽因进入伦敦圣玛丽学院学习。尽管她也经常加入到父亲的各种应酬中，但她最喜欢的仍是读书，闲暇的时候，捧着书，

倚在窗前，静静品读，从午后到黄昏，从诗歌到小说，从散文到剧本，徜徉在文字之中，无比惬意。

偶尔，她会想，在温润的雾都，会不会有个可心男子，不经意间闯入她的视线，拾起她零落在伦敦雨雾中的少女心事；偶然，她会将自己想象成江南小楼上静坐的寂寞女子，等待白衣秀士飘然经过楼前。

这样的秋天，注定有故事发生。悄然间，徐志摩撞开了她少女的心扉。

不曾相约，却已相见。

众里寻他，终不如蓦然回首。

可惜，灯火阑珊处遇见的那人，常常不能让故事有个圆满的结局。世间许多悲伤，便也从此开始。

林徽因被儒雅俊逸、有着诗人气质的徐志摩深深吸引，那场相逢毫无知觉地打开了她封闭已久的少女心事。一颗石子就能打破少女心湖的宁静，情窦初开的林徽因，仿佛心湖上飘过了渔舟，无比欢喜。

16岁的林徽因，静如秋月，雅如幽兰。在无数男子眼里，都是极美的景致。徐志摩对她的印象是，飘若惊鸿。只是刹那，他已沉沦。

尽管，徐志摩已婚，并且是两岁孩子的父亲，但他还是选择了爱情。相遇太美，情难自禁。何况，那段婚姻对于他来说，只是父母强行套在他身上的枷锁，让他痛苦不堪。如果可以选择，他定不会要这段缘分。

林徽因，明知道徐志摩有妻子也有儿子，但她也在爱情里沉醉了。

▲林徽因（由中国第二历史档案馆提供）

林徽因：人间四月，诗意千寻

徐志摩满足了她对爱情的幻想，敲开了少女的心门，她便从门里走出去，走入了那段烟雨般的爱情。

他是她的白衣秀士，她是他的倾世红颜。

那个秋天，人间寂静。

他们流连雾都，亦流连于各自的人生。年华如诗。

无人知道，伦敦的长街小巷里，他们怎样缓缓走过。两个自在的身影，欢笑着从街头到街尾，从风轻云淡走到月色黄昏。是他们

装点了雾都的浪漫，还是雾都的雨意丰富了他们的爱恋，无从问起。

爱情，大概就是如此。用自己的气息感染对方的气息，用自己的年华点缀对方的年华。不必天长地久，不必白头到老，只要曾经携手花前月下，纵然此后各自天涯，也算是人生快事。

1922年3月，柏林，徐志摩与刚生孩子不久的张幼仪协议离婚。人都说徐志摩绝情，其实他只是捍卫了自己的爱情，以决绝，以冰冷。在爱情里迷醉的人，有谁能理会尘世横平竖直的规则？不是他绝情，是爱情令人痴迷。

只不过，当他了断了曾经，终于可以放手去爱，偌大的城市，却找寻不见林徽因的身影。

1921年10月，结束了在欧洲的游学，林徽因离开伦敦回国了。

走得匆忙，未曾留下只言片语。

他在原地，仿佛身在无垠荒野。

夏天到来的时候，林徽因仍旧音信全无。秋天，徐志摩回到中国，只为追随林徽因的脚步。他爱得痴狂。

红尘之中，他愿意为爱走遍天涯海角。

只是，爱情绚丽的色彩中，总是透着几分清冷。

此时的林徽因，身边已有梁思成伴着。徐志摩催开了她最美年华里的心荷，为她搭建了烟雨楼台，她也曾幻想过与这诗性的男子携手红尘。可是转身离开后，蓦然间她发现，自己只是沉沦在爱情的幻境之中，那些月下黄昏，那些细雨朦胧，纵然唯美，却终究无法让她的心安定下来。

她不愿只生活在风花雪月里，她要的是清清淡淡的似水流年。

于是，她选择的天平偏向了梁思成。无论对错，这是她的选择，她无怨无悔。

三毛曾说，爱情如果不落实到穿衣、吃饭、数钱、睡觉这些实实在在的生活里，是不容易天长地久的。试想，林徽因与徐志摩若是携手，那纯净的爱情恐怕会被柴米油盐揉和得面目全非。

若是如此，倒不如在心底留着那些美好过往。

各自天涯，彼此怀念。

从此以后，纵然相见，他们也不过是寻常寒暄。

可以肯定的是，不论何时，他们永远是各自的知己。天涯地角，彼此相知。

1931年春天，林徽因到香山双清别墅养病。那段日子，常有朋友来探视，如沈从文、金岳霖、韩湘眉等人，而来得最多的是徐志摩。他们谈论诗歌，在文字里徜徉，欢喜好似从前。

红尘中的他们，仿佛云和水，不管距离多远，都在灵魂深处，关照着彼此。

世间的情感，最是奇妙的东西。有些人终身相伴，却总像是貌合神离；有些人看似天涯，却仿佛总在咫尺之间。爱，其实不用生死相许，只要立在风烟之中，彼此对望，各自安好。看似爱情从未发生，却早已在茫茫红尘里留下了相望的身影，向更远的时空，说着不见不散。

同年冬天，徐志摩因飞机失事，飘出了人海。当天上午，徐志摩还发电报给林徽因，说下午三点准时到南苑机场。可是他食言了，那一生他对林徽因从不食言，就算林徽因转身离去，他也仍把她当

做最好的知己。可是这唯一的一次食言,竟是红尘的诀别。

徐志摩去世以后,梁思成按照林徽因的嘱托,从事故现场捡回一块失事飞机的残骸,林徽因将这块残骸挂在自己的卧室。这是徐志摩留给她最后的念想。

那样的初冬,徐志摩悄悄地离开了人间,只留给林徽因满地的凄凉。

窗前时光如水,她就在那里长久地伫立着,回忆美丽的从前。

可是往事如烟,回忆便是感伤,便是落寞。

回神的时候,已是夕阳西下时分。

黄昏的人间,几片枫叶,几片飞雪。

烟火幸福

岁月如酒,今夕何夕。

若可以醉在岁月里,忘了人生几何,倒也不错。

可惜,我们总是醒着,面对聚散离合。红尘路远,无论是独自前行,还是携手漫步,总要不断走向风景,告别风景。生活其实就是千万次的相逢与离别,我们必然要行走于那些悲喜浮沉交织成的章节之中。

林徽因，感性到了极致，却也理性到了极致。她可以与徐志摩在康桥的雨雾里诗酒流连，却也可以与梁思成跋涉于古刹荒野。烟火人间，她知道该去往何处。

梁思成，梁启超之子。这个温良笃厚的男子，给了林徽因最安稳的栖息地。所以，她选择了他。看上去，她把爱恨情仇的线条梳理得格外清楚，只有她自己清楚，在离开徐志摩的时候，是否也黯然伤神。

不管怎样，后来的岁月里，她与徐志摩，只是云水相照。与她不离不弃的，是梁思成。她无怨无悔。每个日子，每段年华，她都寻觅着诗情，却又在风花雪月的情节里，体会着柴米油盐的简单幸福。

诗意的林徽因，其实也是寻常女子。

1924年6月，她随梁思成共同赴美，前往康奈尔大学就读。不久之后，她病了，发着高烧，分不清是梦里还是醒着，是幻觉还是真实。

人在病中的时候，最能体会人世的凄凉。无论往日有过多少知己朋友，这时候也无人能替你分担苦痛，无人为你黯淡的窗口添上一抹霞光。

当林徽因终于张开双眼的时候，看见淡金色的阳光洒在窗帘上，她艰难地转过头，床头有一束新鲜的花，那是梁思成刚从山野采来的，露水还在花瓣上晶莹地闪烁着。梁思成就坐在她身旁。看着梁思成那双关切的眼睛，她不禁有些感动，心中的阴霾似乎全部消失，一丝柔情在心海中，偷偷地流过。此时，她确定这个男子可以给她现世的安稳，她愿意与他携手红尘，直到永远。

1924年9月，林徽因和梁思成结束了康纳尔大学的暑期课程，

前往宾夕法尼亚大学读大学。宾大的生活充实而自在。在那个远离故土的地方，林徽因反而找到了难得的平静。学习之余，她也与梁思成慢慢累积着情感。或许，梁思成从来没有像徐志摩那样让林徽因悸动过，他也没有让林徽因的心中突然开出绚烂夏花，但他却给林徽因一方水土，让她在里面种花种豆，种清淡流年。

那两年，梁思成的母亲和林徽因的父亲相继去世，林徽因在悲伤中感受着世事无常。

窗前的月亮圆了又缺，缺了又圆，如人世的际遇。

聚散离合，似乎轻如云烟，可是经历过之后，却又觉得无比沉重。

我们在行路，在相逢和别离。却也可以说，路在行走，经过我们的生命，留下悲喜浮沉。

两年以后，林徽因渴望的烟火幸福如期而至。

尘埃落定，她无比欢喜。

她是绝代佳人，可她不要幽居空谷的孤独，也不要小楼明月的寂寥，她要的是清茶淡水的流年。徐志摩曾经给她云天下最浪漫的爱情，可她只将那份情悄然藏于心底，不向风前提起。她不想在纵横的花月间摇曳身姿，她只愿在细碎的流年里风雨不惊。

1928年3月21日，林徽因和梁思成在加拿大温哥华举行婚礼。诗意的林徽因完成了生命中最重要的仪式，从此与命中注定的那个男子，同赴红尘，共经风雨。她并没有多少惊喜，只是牵了梁思成的手，静静地走过鲜花与掌声，走回到他们平静的生活。

烟雨红尘，若她选择的是徐志摩，或许此情此景不会是这般心境，但她只把那相逢旧事当做岁月里的华美书签，偶尔翻看。真实的人间，她只要静好的流年。

选择了灯火人间、柴米油盐，就要远离湖光水色、渔火灯帆。

林徽因，活得清透。人生兴味，了然于心。

结婚前，梁思成问林徽因："有一句话，我只问这一次，以后都不会再问，为什么是我？"林徽因答："答案很长，我得用一生去回答你，准备好听我了吗？"

是的，她真的用了一生，给了梁思成满意的答复。无论是诗意的徐志摩还是深情的金岳霖，都只是她红尘路上偶遇的风景，她都没有为之停留。

弱水三千，只取一瓢。

不要晓风残月，不要断岸垂杨，只要清茶淡饭、春华秋实。

林徽因想要的幸福，其实就是，有个相知的人陪着，从清晨到黄昏，从春天到秋天，从水流花谢到云飞雨落。那是实实在在烟火人间的幸福，她可以在其中安然地坐下，听流年缓缓落地的声响。所以，她选择了梁思成，她知道这个男子可以给她简单的幸福，纵然没有烟雨彩虹，心底安然便好。

在后来风雨飘零的那些岁月，梁思成都在她身边，不离不弃。两个人携手红尘，共同面对雨雪凄迷，从不放手。人生如此，多令人羡慕。

1928 年 9 月，他们受聘于东北大学建筑系，梁思成为系主任，林徽因为教授。后来，东北大学校长张学良公开悬赏征集东大校徽。最终，林徽因设计的"白山黑水"图案中标。轻如云，静如月的林徽因，爱情和事业都让她如沐春风，梦里梦外的人生，都像是行走于平湖

的轻舟,向着云水深处,缓缓漂去。

1929年8月,林徽因从东北回到北京,在协和医院生下女儿,取名梁再冰。到这时,林徽因终于找到了梦里的幸福,有所爱的人,有爱情的结晶,有时光静好。

她是凡尘中最绚丽的夏花,可是抛却了那些光华,她仍是烟火人间最平凡的生命,有最平凡的梦想。关于生活,关于幸福,她有最简单的追求。不要春花秋月,只要云淡风轻。

我们常常将梦筑造于远方,却不知,太过虚幻的梦会让我们疏离凡尘。而我们只是流水人间的平凡生命,无论你有多么飘渺的梦幻,总要回归到柴米油盐中,体会人间烟火的真实味道。否则,梦只是梦,而梦中的你,早已成了天边游云,虽然轻悠,却没个着落。

此时的林徽因,寂静如荷。

听不见喧嚣,看不见尘埃。

原来幸福,并不如烟。

择林而居

爱这东西,最是神秘。

赌书泼茶是爱,红袖添香是爱,执子之手是爱,相伴五湖是爱。

凡此种种,爱让人心驰神往,也让人黯然销魂。

有人爱得轰轰烈烈，有人爱得寂静无声。茫茫尘世间，逢着一个人，若能执子之手，与子偕老，当然最好；若缘分注定只能相逢，却无法相伴着走过似水流年，那么，选择成全，放手而去，也算是纯粹地爱过。

林徽因的生命中，有过诗意浪漫的徐志摩，有过温良笃厚的梁思成，可我们总是忘不了另一个人，他深爱着林徽因，却只是悄然相随，默默守候，一生无悔。因为他，我们知道，爱到深处，不需要相伴到老，不需要触到彼此手心的温度，只需要在不远处看着对方，看那人安好，自己也安心，如此便好。

他叫金岳霖，林徽因和梁思成都叫他老金。在那些风雨漂泊的日子里，金岳霖始终在不远处，守护着林徽因以及她的家人。为爱，他不纠缠，守候终生，无怨无悔。

金岳霖是中国现代哲学和逻辑学的开山祖师，生于1895年，1914年毕业于清华大学，后留学美国、英国，又游学欧洲诸国，回国后主要执教于清华和北大。这位学界泰斗，深沉地爱着林徽因，却只如天边云彩，飘在林徽因的水波之上。

为爱放弃天长地久。对于许多人来说，这简直不可思议。

但是真正的爱，未必是朝朝暮暮的相依，而是成全对方，让对方幸福。

给对方碧海蓝天，只在远处看着，伴其欢喜和忧伤。

爱，可以是这般清清白白。

林徽因和梁思成住在北总布胡同的时候，金岳霖也搬到这里，就住在他们的后院。金岳霖是个很幽默的人，他称自己是"择林而居"；

他曾写对联称梁思成和林徽因是：梁上君子，林下美人；而后来在战乱中逃难时，金岳霖为自己所挖的防空洞写了对联：见机而坐，入土为安。

那时候，林徽因和梁思成夫妇家里几乎每周都有沙龙聚会，金岳霖始终都是座上客。金岳霖与林徽因和梁思成志趣相投，交情极深，梁家的孩子都称金岳霖为"金爸"。

金岳霖对林徽因的才华和人品赞不绝口，对她本人更是呵护有加。林徽因对金岳霖则有一种后辈对前辈的仰慕之情，两人感情甚笃。对于林徽因和金岳霖的这段感情，多年后梁思成曾有过谈论。梁思成的第二任夫人林洙曾问他关于金岳霖为林徽因终身不娶的事，梁思成笑着说了一段往事。

1931年的某天，梁思成从外地考察古迹回到北京，林徽因沮丧地对他说，她苦恼极了，因为她同时爱上了两个人，不知怎么办才好。梁思成听完这些话，沉默不语。一夜辗转后，他对林徽因说："你是自由的，如果你选择了老金，我祝愿你们永远幸福。"林徽因将梁思成的话告诉了金岳霖，金岳霖说："看来思成是真正爱你的，我不能伤害一个爱你的人。我应该退出。"于是从此，三人终身为至交好友。

感情的事，总有纠葛。关键是，纠葛之后，是否可以云淡风轻。

其实我们知道，林徽因对于金岳霖的那份感情，绝不是爱情，她已经对深爱她的徐志摩挥手作别，那么此时她既然已经找到了简单平静的幸福，又怎会陷入感情的纠葛？只不过那些日子金岳霖无微不至的照顾让病中的她感动至深，所以她以为她爱上了对方。多年以后，她定会明白，只是那片温暖，扰乱了她的心神。

可是金岳霖，却是对林徽因无比倾心。因为用情太深，总是舍不得离去，风雨的长路，也愿意始终追随，只求能看到她。但他总是与林徽因保持着距离，从不逾越，因为他不愿意伤害梁思成。

尘世间，我们看到无数为了爱情明争暗斗的嘴脸，而金岳霖却给出了另一种答案。爱一个人，若注定不能终身相依，那么绝不伤害同样爱他的那些人，看他幸福，自己也快乐。真正的爱，应是如此。

那么梁思成呢？金岳霖倾慕林徽因并且一生守候，徐志摩与林徽因有过康桥之恋，而他与这两人都是好友。其实他能如此，除了心胸开阔，也是因为深爱着林徽因。他知道，金岳霖能像兄长一样给林徽因呵护，而徐志摩是林徽因诗意世界永远的月光，因为他爱她，而他相信林徽因与徐志摩和金岳霖之间，都是月白风清，所以选择宽容。

抗日战争爆发后，林徽因与梁思成避难到了西南，辗转来到四川南溪县李庄镇，日子过得极其困苦。更无奈的是，长期山水迢递的跋涉，加上飘泊天涯的苦累，让林徽因病倒了，一病就是四年。

1941年暑假，金岳霖从昆明赶到李庄，她虽然知道林徽因身在病中，却没有想到，这个令他从未放下牵念的江南女子，竟会憔悴成那副模样。面色苍白、骨瘦如柴的林徽因，让这个痴情的男子心痛了很久。

当时西南联大的教授可以带薪离校休假一年，金岳霖便在梁家住了下来。为了给林徽因和她的孩子们改善伙食，第二天，金岳霖就到集市上买了十几只小鸡来饲养，盼着早日生蛋。其实此时整个

中国都物资紧张，金岳霖的薪水也极其微薄，但他还是毫不犹豫地拿出来一部分，为了对林徽因的那份爱，也为了与梁家的那份交情。

此时的金岳霖与林徽因和梁思成，与其说是朋友，不如说是亲人。那些年的交情，他们早已心心相印，患难与共。若我们还去纠缠金岳霖与林徽因之间是否有爱情，实在亵渎了这个情字。无论是爱情还是友情，只要足够深，定会化为生命的关照，不含渣滓。那时彼此相依，再不是寻常的俗世情爱可比。

金岳霖对林徽因的爱，如细草微风，却从未离去。

五十年代中期，林徽因去世后，梁思成另娶了他的学生林洙，而金岳霖仍守着回忆，踽踽独行。有一天，他在北京饭店请客，老友们都很纳闷他为何会突然请客，饭吃到一半，他突然站起来，说："今天是林徽因的生日。"情深如此，令人动容！

无情的人，以为爱是满地荒草；

深情的人，以为爱是窗前月光。

然而，即使是深情的人，也不是谁都能做到一生无悔。

我们曾以为爱情就是携手天涯，一起走到地老天荒，可是走着走着，爱情就变了模样，再看不到窗前明月，眼前早已是无边的荒漠。

有几人能一眼万年，为爱不离不弃？

又有几个红颜，能够成为痴情男子心中永远的朱砂痣！

诗意千寻

于这尘世,每个人都是风景。

或明丽或黯淡,或漫长或短暂,总在流年里呈现着属于自己的色彩和格调。

你可以是山间的清溪,可以是水中的扁舟;可以是春天的花木,可以是秋日的云霞。但无论你是多么绚丽的风景,都无法让所有人为你停留。当然,就算无人为你驻足,你依然是自己的风景。

当我们走出自己的风景,成为红尘的旅人,身边的人又是我们的风景。他们的欢乐与悲伤、寂静与灵动,我们可以细细品味,然后再立定繁华,成为别人的风景。那时的我们,定可以恬淡地应对人间冷暖。

无疑,林徽因是民国时期最美的风景。她美丽温婉,又才华过人,是无数男子心中的春江花月,可是林徽因的女性朋友却寥若晨星。对于寻常女子来说,她太过诗意,而对于同样诗性的女子来说,她又太清高。

对于人生,林徽因有清楚的认识。她想要安定的生活,于是离开徐志摩,走向梁思成;她钟情于建筑,便以此为理想,矢志不移。她喜欢围炉夜话的趣味,便时常约好友在家里聚会,谈古论今,诗酒流连。

曾经以为,林徽因只是轻灵而诗意的女子,在江南的云水间,用静致的文字串起春花秋月,编织她的四月梦幻。后来终于知道,

这个如梦中白莲的女子,可以走出山水,将身影留在斑驳的古建筑之间。

或是荒草蔓延,或是断壁残垣,她都会平静地走进去,在千百年前的砖瓦上敲敲打打,走出来的时候,仍是四月天里筑梦的女子,衣袂翩翩。

都说人生如旅行,那么林徽因的这场旅行,实在太不可思议。她偶尔走向林泉山水,在清幽的意境里采撷花月的痕迹;偶尔走向庙宇宫殿,在泛黄的历史记忆里拾起时光的碎片。沿途的风景,无论是春暖花开还是秋雨霖铃,无论是山重水复还是柳暗花明,她总能从容面对。心若莲花,或许便是如此。

只不过,即使是这样清澈的生命,也必须面对生命如萍。

人间乱世,风云起伏,没有谁能在炮火烽烟里偷得清闲。

1937年,卢沟桥事变发生,林徽因一家开始了漫长的颠沛流离。从北京到武汉,从长沙到昆明。几经周折,最后落脚的地方,是荒凉的李庄。在那里,他们甚至连温饱都难以解决。

林徽因不得不用她写尽风花雪月的手,为丈夫和孩子们缝补衣服。孩子们冬天也只有布鞋可穿,其他季节都是打赤脚,至多穿草鞋。南瓜、茄子、豇豆成了全家人的主食。若不仔细探究,大概不会知道,诗意翩跹的林徽因,竟然有过那样难堪的岁月!却也因此,我们知道,轻柔的林徽因,原来可以那样坚强。

那些日子,梁思成已经开始写《中国建筑史》,林徽因带病阅读《二十四史》,查阅资料。她从未放弃对建筑的梦想,即使是在病中,还憧憬着等战火熄灭,病体康复后,去考察江南民居。同时,她也不曾放下心底那份诗情画意,心情好的时候,也会拿起笔,写几首诗,算是点缀惨淡的流光。

可是李庄那些等待云开的日子,毕竟很漫长。林徽因的身体每况愈下。曾经如秋月般的她,此时面对镜中憔悴不堪的自己,也只有暗自苦笑。

都说镜花水月最虚幻,可此时镜中的林徽因,却真实得让人心痛。可是转念想,人世几度风雨,几度春秋,她也只是寻常生命,若只是无风无浪飘然而过,纵然绚烂如夏花,怕也是索然无味。

战争结束后,许是上天眷顾,本来被告知将不久于人世的林徽因,竟然奇迹般痊愈。这个莲荷般的女子又在人间绽放了十年。那十年,如流水般轻轻滑过,而林徽因却终于有机会为自己美丽的人生做个完结。

十年的时光,林徽因又回到了当初的路上,为了永不放弃的事业,为了心底那份清雅诗意,她完成了最后的回归。回归后的林徽因,仍是无数人梦中的白莲,在盛夏的烟水里悠悠荡荡。

从不妖艳,从不浮华。

经历了那些年的起起落落,她已心如平湖。深情地看着烟火人间,不惊不惧。

1949年,北平解放,林徽因被清华大学聘为一级教授,主讲《中国建筑史》,并为研究生开设《住宅概论》的专业课。后来,政协筹委会决定把国徽设计任务交给清华大学和中央美院,清华大学由林徽因、梁思成、莫宗江等人参加设计工作。最后,他们设计的图案以布局严谨、勾图庄重而中选。

不过,性灵澄清的林徽因,淡泊名利,她做的一切,只为一份完满,就像她那些清丽的文字,不求谁赞叹,只为留住岁月的痕迹,不负似水流年。

1952年,梁思成和刘开渠主持设计人民英雄纪念碑,林徽因被任命为人民英雄纪念碑建筑委员会委员。病魔缠身的林徽因,本应找个清净之处静养,可她依旧坚持设计工作,与助手关肇邺一起,经过认真推敲、反复研究,完成了须弥座的图案设计。

时光如水,而她就在这样婉约的流年里走向了夕阳欲晚。

她就在那里,回味前尘往事,等待尘埃落定。

秋天,她再次病倒,住进了同仁医院。秋水长天就在外面,却已是别人的风景。她捧着一本书,默默回味从前。她想起了江南的雨巷,想起了香山的红叶,想起了人间的四月。想着想着她就沉入了梦乡,梦里的她,撑着油纸伞,从幽静的院落飘然走出,走过青石小巷,走向西湖,独自漫步在烟雨之中。

她便从此留在那样的梦里,再没有醒来。

一身诗意千寻瀑,万古人间四月天。这是金岳霖写给她的挽联。这个痴情的男子,在林徽因离去后,只能守着回忆萧瑟度日。可是他无怨无悔,爱从未熄灭,情从未转移,这就是他对那段缘分的深情回答。

人生如梦,匆忙如斯。悄然经过,便消失在万里层云之外,再无消息。

爱上烟雨红颜几个字,于是便在梅雨季节来到江南,希望在青石小巷里逢着那清丽的红颜。可是江南的雨仍在飘洒,她却未从细雨中悠然走来。原来,她早已从烟水中走出,走到了远方的红尘巷陌。

这静默的红尘,她不需要云烟,也不需要山水。

只需一盏莲灯,照她似水的年华。

然后,默然归去,不忧不惧。

林徽因:人间四月,诗意千寻

张爱玲：清欢独自，往事倾城

红尘滚滚

尘世间，何处归途，何处天涯，无人知道。

或许，远方亦是归途；或许，故乡亦是天涯。

心若安恬，处处皆是牧歌田园；心若荒凉，日日皆是雨雪飘零。

风起的时候，望着远方，月色黄昏。蓦然间看到，那零落人间的女子。她在城市里惆怅，亦在灯火中沉默。她无限孤独，仿佛这世上，只有她们自己，独自面对着花谢花开。

她是生于乱世的红颜，所以往事凌乱。她，不倾城，不倾国，却又以绝世的才华，惊艳了时光，颠倒了众生。

这世上，没有几个人可以如她那样，素手执笔，写出万千风流，说出人间悲喜；没有几个人可以如她那样，为爱痴狂，爱得天昏地暗，爱得铭心刻骨。

她是张爱玲。她说，长的是磨难，短的是人生；她说，生命是一袭华美的袍，爬满了蚤子。对于生命，对于世界，她有着独特的理解，于是也就选择了活得特立独行。遥远的路上，她独自来去。

孤独却欢喜，静默却从容，这就是张爱玲。

她是少有的唯美主义者。对于人生，对于爱情，她都在追寻极致的美丽。活，便活得月满西楼；爱，便爱得海枯石烂。似乎，不这样肆意决绝，便是负了人间旅程。

在爱情里，张爱玲可以低到尘埃里，但心里却是欢喜的，于是从尘埃里开出花来。她对于爱情的理解很简单，简单到只是两个人从茫茫人海里走到相遇的地方，因相望而相识，因相知而相依。没有横平竖直的人间逻辑，没有斤斤计较的俗世规则。只是两个人，日出日落，云卷云舒。

可惜，爱得越深，伤得越重。这个痴情女子，终究无法避开最后的悲伤。后来的岁月，她不得不形单影只，沉默着流浪。爱情落幕，她几近枯萎，从生命到才华。倾城之恋，到最后竟只是，流水落花，天上人间。

纳兰容若说，人间所事堪惆怅，莫向横塘问旧游。往事凋零，不堪回首。但那交付了心魂的爱情，怎能说忘就忘！她能做的，只是用染了西风的文字，写出凄凉和孤寂。当时明月在，曾照彩云归，终究只是旧事。

回神之际，又是黄昏。又是那个身影，憔悴而静默。她仍在，独自的远方。她有她的上海，亦有她的天涯。

她的生命，本就在华丽与荒凉之间。

红尘滚滚，岁月迢迢。

往事倾城，终究如烟。

灰色年华

她是寂静的，亦是凄凉的。

印象中，她总是独自临窗，与清冷月光为邻。在混乱的世界里，任自己形单影只，这便是张爱玲。她的冷傲，她的清绝，都以苍凉为底色。

仿佛，她本就是无根之草，茕茕孑立于大地之上。但其实，她生于名门世家。只不过，这样的背景，未能给她平静安稳的人生。世事变幻太多，任谁都没有办法。

祖父张佩纶是清末名臣，祖母李菊耦是李鸿章的长女，母亲黄素琼是南京黄军门的女儿。有李鸿章、张佩纶这样的先辈，张家后人便很难抛开养尊处优的生活习惯。他们坐拥富贵，看不见外面世界的风起云涌，或者，不愿面对。

与旧时安于享乐的人们相比，他们生活之奢靡有过之而无不及。男的学会了抽鸦片，逛堂子，娶姨太太，混迹风月；女的从小就学着做淑女，长大了嫁个富贵人家做少奶奶，便算了事。张爱玲的父亲张廷重和弟弟张子静，就是这样的遗老遗少，他们不思进取，坐吃山空。

张爱玲熟悉那样的生活。因为熟悉，所以厌恶。她到底是天生的才女，看惯了那种醉生梦死的生活，终究还是选择了简单和寂静。她是张爱玲，注定要在阑珊灯火里，独自看尽世事沧桑。

对于自己的显赫身世，她并无宣传的兴趣。她喜欢的是，山空

▲张爱玲（由 Sipaphoto 提供）

张爱玲：清欢独自，往事倾城

夜静、月白风清。

但她，又的确有着与生俱来的贵族气质，所以清冷，所以孤傲。作为文人，这是她必须拥有的气质。这样，她才可以在人海里，在月光下，将前尘往事看明白。

她是属于文字的。虽然父亲生活奢靡腐化，但家里到底是书香门第，藏书不少。所以，年少的时候，张爱玲就与文字结下了不解之缘。

张爱玲的往事,悲凉多于欢喜,落寞多于热烈。她终究是静默的女子,喜欢在自己的世界里听风看雨,尽量使自己远离尘嚣。

生于乱世,大地纷乱而喧嚷。许多年后,张爱玲对于所处的那个时代,得出这样的结论:乱世的人,得过且过,没有真的家。无奈而荒凉,正是她的人生写照。

世事就是如此,繁华背后,往往是深不见底的萧索。

两岁的时候,张爱玲的家从上海搬到了天津。他们住在花园洋房里,有花,有狗,有书,亦有不尽的欢笑。此时的张爱玲,身在锦绣之中,成天被成群的仆佣所簇拥着,是受尽娇宠的公主。

但这样的时光倏忽而逝。往往是这样,我们还在数点屋顶繁星的时候,不知不觉,已经过了不识愁滋味的时节。有时候,从春花到秋月,从少年到白头,只是瞬间。

八岁以前,张爱玲在天津的生活,无忧无虑,仿佛童话。但是,八岁以后,生活发生巨大的转变,张爱玲的快乐少了许多。那些近乎灰色的年月,塑造了她性格中异于常人的部分。

倔强而清冷,寂静而孤绝。

她天生就是这样。在适当的年月,她终要以这样的形象出现。

八岁那年,他们家又搬回了上海。这个灯红酒绿的城市,注定要收藏张爱玲的年华与故事。十几年后,她将在这城市的繁华深处,冷眼凝视,默然谛听。那是她最美的时光,却注定以悲伤结束。

张爱玲父亲是典型的放荡遗少,结识了不少酒肉朋友,过着花天酒地的生活,嫖妓、赌钱、养姨太太、吸阿芙蓉,吃喝嫖赌抽,样样在行。对于这些,张爱玲的母亲十分不满。她虽然出身世家大族,思想观念却受新文化运动的影响较深，对于丈夫的堕落奢靡行径深恶痛绝。而且，她不像旧社会那些逆来顺受的弱女子，对于丈夫的行为，非但不容忍，还总是干预。因此，他们之间，不可避免地有了矛盾。

为表示抗议，她决意出了国。但张爱玲的父亲并未有所收敛，所有的糜烂与堕落仍如往常。后来，张爱玲母亲回国，夫妻间的矛盾越来越深，总是隔三差五地争吵。终于，他们协议离婚了。从此之后，张爱玲再也没有享受过完整的家的幸福。她的人生，有过绚丽色彩，却都太过短暂。大多数时候，她似乎只有自己，孤独地行走，荒凉地沉默。

突然之间，人间不再是从前的模样。

但我们仍要前行，该来的总会来，该去的总会去。

我们只是浮萍。岁月深不见底。

不久后，张爱玲的母亲又去了法国。临走前，母女相见，张爱玲竟并不觉得伤心，就像她在文字中所写的那样，母亲来看她，她没有任何惜别的表示，母亲似乎也很高兴，事情可以这样光滑无痕迹地度过。

是生活，让这敏感的女子，变得冷漠。灰色童年造成的阴影，会伴随终生。于是，我们看到的张爱玲，总是那样孤独，不愿与外面世界握手言和。

后来，父亲又结婚了。张爱玲的少年生活，由此彻底阴郁了起来。

张爱玲孤僻的性格越来越明显，据表妹黄家瑞回忆，她总是情绪低落，不爱说话，常常拿个本子，静静坐在旁边，侧着脸看人，

给人画素描，或者低着头，在那里写小说。

独自的世界，未必要远离人海。人群之中，你可以回到自己心底，在那个安静的地方养花种草。只不过，这时候，你只有自己，冷冷清清。

张爱玲，她始终是自己的风景，不管世事如何变幻。

无奈的是，尽管张爱玲尽量对后母保持礼貌，但心里的隔阂却是越来越深。这位后母也有抽鸦片的嗜好，还很是刻薄阴鸷。在她出现以后，张爱玲的生活每况愈下。后来的很多时候，她只能穿后母穿剩的衣服。可想而知，天性孤傲的张爱玲，面对这样的生活，心里是何种滋味！

终于，张爱玲与后母之间的冲突，不可避免地发生了。这年夏天，日军突袭上海，战争爆发。夜里炮声不断，张爱玲被吵得无法入睡，所以跑到母亲处住了两周。去之前并未告知后母。于是，两周后回到家里，后母对此大发雷霆，不由分说就打了张爱玲一记耳光。

倔强的张爱玲，本能地想要还手，却被老妈子死死拉住。即使如此，后母还是去张爱玲父亲那里告状，说张爱玲打她。于是，张爱玲遭到了父亲的毒打。她想去巡捕房报警，可是大门被父亲锁了起来，她出不去。哭闹之后，无人理她，只好又回到家里，父亲见到她，怒气又生，拿起一只大花瓶就向她掷了过去，未打中，击在地上，落了满地碎瓷片。父亲甚至还扬言要用手枪打死她。

张爱玲，当她笔下的文字颠倒众生的时候，谁能想到，她的青春是这样的灰暗！当然，或许也正因为如此，她才与众不同，才可以冷眼看世界。

她想到了逃走，想到了自由。与身处那个让她厌恶和恐惧的家庭相比，她更愿意独自站在赤裸裸的天底下，哪怕风雨飘零，哪怕孤独无依。

她想了许多办法。终于，她逃了出去。外面的世界，风雨也好，凄凉也好，她都愿意面对。至少，那里有她想要的自由。从此之后，她与父亲基本断绝了往来。

走出那个家，她遇见了自己。

没有回头路，也无需回头路。她无怨无悔。

她是天生的才女，只待春暖花开，就会尽情绽放。

只是从此，她选择了冰冷而睥睨的姿态。

她是漠然而孤绝的张爱玲。很多时候，只能孤芳自赏。

上海传奇

总要经历许多次浮沉变幻，才会明白，人生如梦。

悲伤有过，欢喜有过；荒凉有过，繁华有过，终于发现，没有悲欢离合，便不是完整的人生。但，红尘路远，我们还是喜欢，云开后的月满西楼。只不过，这世上，没有完满的人生。

张爱玲，从父亲那个扭曲的家庭逃出来的时候，曾经以为，外面的世界会有无边的快乐。但是，她很快就发现，外面的世界，之

所以精彩，就在于不停的浮沉聚散、风起云涌。

她，终究只是浮萍。后来，她终于明白，这世界原本是这样，笑，世界与你同笑；哭，你却是独自哭。没有人能代替她走那条漫长的路。

若干年后，她身处闹市，却又仿佛身在荒野。

显然，她经过的，是一条通往灵魂深处的路。

她孤独，却又骄傲；她寂静，却又华丽。

她的路还长，风霜雨雪、春秋冬夏，都要独自面对。她终于明白，她不得不作为一个成人，在乱世的风雨中寻觅温暖与安稳，她不得不慎重地考虑前途、职业、谋生以及婚姻等现实问题。

不久后，母亲提出了这些问题。母亲说，如果她打算早早嫁人的话，那就不必读书，用学费来装扮自己；如果还想继续读书，就没有余钱兼顾到衣裳上。母亲的经济状况渐渐窘迫，所以这样的提议很正常。

张爱玲毫不犹豫地选择了读书。她知道，只有读书，才能让她优雅地面对窗前的春花秋月。倘若不读书，她大概不能在迷离的夜色下，将恩怨情仇看得那般透彻。

往事冰凉，张爱玲不愿忆起。但是，香港大学的三年时光，却让她觉得温暖。那里，没有父亲的暴虐，没有母亲的唠叨，亦没有中学时代清规戒律式的管制，她的天性终于得以自由地发展。她渴望的无拘无束，终于可以尽情体会。

当然，她仍是孤僻而自我的张爱玲。她总是很难与人相处，从来都以自己的喜好为上，很少在意别人的反应。她喜欢冷眼看世界，不愿与人交流。同学们总是听不懂她说的话，她也不在乎。

似水的年华，她却已习惯了孤独。

她在她的世界春暖花开，却又在别人的世界里冷落无声。

她不愿过问任何人的事，当然更不愿别人过问她的事。悲也好，喜也好，只需自己明了，不想对谁说起。她是乱世的才女，冷暖自知。除了炎樱等少数至交好友，很少有人能走入她的世界。她总是那样，独来独往，不声不响。

在香港大学学习的第三年，战争又尾随而至。乱世的人，萍踪不定，张爱玲早已明白。

她又回到了上海，住到了姑姑家，在赫德路192号爱丁顿公寓。大学只读了三年，还未及毕业，就丧失了继续深造的机会。命运无常，让张爱玲欲哭无泪。

但她，已在灯火中向我们走来，步履从容。

对于时代，她抱着嘲讽和戏谑的态度；对于生命，她怀着眷恋与哀伤的情怀。她笔下，有乱世的苍凉，有人性的飞扬。她喜欢这样的对照。

她是自我的张爱玲，亦是唯美的张爱玲。她是自己的全世界。

寂静中，身影寥落；月光下，尘寰如梦。

她是旷世的才女。现在，她又回到了上海。这里，灯红酒绿，车水马龙；这里，纷扰喧闹，岁月沉浮。她就在这里，看着红尘世事，于风前月下，写下了沧海桑田的断章。

余光中曾说，上海是张爱玲的，北京是林海音的。这话虽然夸张，却也有些道理。如果没有上海，张爱玲或许仍会出名，但是那些悲凉的往事，又将在何处盛放？

生活的命题冷冷地横在面前，张爱玲毅然选择了以文字为生。以她的孤傲性格，似乎也没有其他路可走。

她来到了月光下，或者说，她回到了月光下。文学，是她的归依。

外面是上海。迷离的灯火里，大地与时光，都在浮浮沉沉。

十里洋场里的人们，醉醺醺地不知人生几何。

整个世界，最混乱与最喧嚣的画面，都在这座城市如梦般展开。

但，这些似乎都与她无关。她是自己永不褪色的风景。

那年那月，她在大上海，为之前的岁月做了简单的归结，然后悄然落笔。窗前明月，世事浮云，仿佛不再挂怀，却又从不忘却。

1943年，张爱玲写了两篇短篇小说：《沉香屑·第一炉香》和《沉香屑·第二炉香》。她深信，这两篇小说可以叩开歆慕已久的上海文坛的大门。

她并没有投稿，而是直接带着稿件去拜访了《紫罗兰》杂志的主编周瘦鹃。这次拜访，张爱玲做了慎重而又细致的准备。她带上了母亲的亲戚、园艺家黄岳渊的介绍信。

这次见面，他们相谈甚欢。对于张爱玲带去的两篇小说，周瘦鹃也非常欣赏。他留下了小说，并告诉张爱玲，能否发表还得等读完全文再做定夺。

不久后，这两篇小说就出现在《紫罗兰》的复刊号和第二期上，均占显著位置。周瘦鹃还在"编者例言"中向读者郑重推荐了张爱玲。

为了表示感激，张爱玲邀请周瘦鹃及其夫人胡凤君到赫德路公寓喝下午茶。胡凤君因有事耽误，周瘦鹃如约而至。不喜交游的张爱玲对那样的应酬很是陌生，倒是她的姑姑很热情，招待得颇为细致。

性情简单的人，总是喜欢独来独往。

可以说，张爱玲简单到了极致；也可以说，她是通透到了极致。

活在人间，太通透就难免孤独。她也不例外。

1943年8月，《万象》杂志刊出了张爱玲的文章《心经》。其后，直到1944年元月，《万象》几乎每期都刊登张爱玲的小说。《心经》之后是《琉璃瓦》，然后是长篇小说《连环套》的连载。作为上海滩具有广泛影响的文艺杂志，《万象》把张爱玲迅速推向了更大范围的文艺圈。张爱玲，以最快的速度，达到了创作的顶峰。

短短不到一年的时间里，张爱玲生平最重要的作品几乎都已发表出来。《倾城之恋》《封锁》《红玫瑰与白玫瑰》《花凋》《金锁记》等作品连续发表，让整个沉闷的上海文坛为之震动。

仿佛，只是一夜之间，她已名动上海滩。在张爱玲的小说《倾城之恋》中，白流苏曾说，也许就因为要成全她，一个大都市倾覆了。说得真好，张爱玲想要的，便也是这样的感觉，突然之间，倾国倾城。

张爱玲，注定要在这城市里，横空出世。她已沉寂了太久。

她说，出名要趁早。来得太晚的话，快乐也不那么痛快！

突然间，张爱玲在上海几乎是人人皆知。炎樱回忆说，张爱玲成名后，她们再上街就变得招人耳目了。走在街头，总有读者认出张爱玲，喊她的名字，或者索要签名。

原来，破茧成蝶，只需刹那。

上海，人潮汹涌，灯火辉煌；人间，水流花谢，浮华如梦。

来的来，去的去，是彷徨的行人；聚的聚，散的散，是纷扰的世事。

张爱玲就在人海深处，蓦然间走了出来。

悄无声息，却惊艳了乱世的流年。

倾城之恋

于千万人之中遇见你所遇见的人。

于千万年之中，时间的无涯的荒野里。

不早，不迟。经过各自的旅程，恰好遇见。却也没有别的话可说，只是轻声地说，原来你也在这里。

这样的相逢，无论经过怎样的寻觅与等待，相对的刹那，总是极致美丽的。世间的人们，总是梦想着，在人海之中，蓦然回首时，遇见所要遇见的人。无论结局如何，初见时的默然欢喜，已足以让人回味千万遍。

张爱玲，虽然习惯了冷漠与孤单，却渴望爱情。她是旷世的才女，却也是寻常的女子。如果可以，她愿意在遥远的路上，遇见所要遇见的那个人，倾心相爱，生死相依。为了爱情，她可以倾尽所有。

明月清风，年华正好。

她幻想着，有人披着月光而来，敲开她沉睡的门扉。她不曾想到，爱情会突然到来。

那个叫做胡兰成的男子，是汪伪政府宣传部副部长。偶然看到张爱玲的文章，惊讶于她的才华，于是就找到苏青，向她问起了张爱玲，并提了相见的愿望。

苏青与张爱玲是好友，她深知张爱玲疏淡冷傲的个性，所以并未给胡兰成明确答复，只说张爱玲独来独往，不喜欢见人。不久之后，虽有些周折，胡兰成终于还是如愿见到了张爱玲。仿佛是注定，他就这样走入了张爱玲的生活。

胡兰成见惯了社交场上的风情女子，书卷气浓厚的张爱玲，倒也让他颇觉得新鲜。而且，他喜欢张爱玲身上那种冷傲和忧伤的气质，以及这种气质里属于贵族世家的矜持。

习惯了与女人周旋的胡兰成，应对涉世未深的张爱玲，自然是得心应手。温文尔雅，世事洞明，这是最初张爱玲眼中的胡兰成。她喜欢他的文采风流，也喜欢他的聪明机趣。对于她来说，胡兰成是未曾见过的风景。

张爱玲，注定要在这风流文人面前，低沉下去。

对于张爱玲来说，遇见胡兰成，是定数，亦是劫数。尘缘，最是神秘。

不久之后，张爱玲就将胡兰成视为了知己。她始终相信，胡兰成懂她的悲喜。对她来说，这是最重要的。毕竟，活在人间，最难得是知己。所以她说，因为懂得，所以慈悲。

于是，她变得很低很低。她愿意以尘埃的姿态，去面对这份爱情。

但其实，这场爱情，从开始就是不公平的。她是痴情的才女，

他是风流的浪子。对于情爱之事，她只看到小楼明月，他已历了沧海桑田。

她爱得倾心倾意，他却是渐行渐远。这是必然的结局。

但是最初，张爱玲不明白。纵然她冷傲孤绝，纵然她笔下生花，却不知道，爱情里竟有那么多波诡云谲。

她是唯美主义的。其实，她何尝不知道世事无常？但她终究是有几分执念。

爱情于她，是月白风清，是天荒地老。

所以，在爱情里，她才会甘心俯身下去。至静默，至尘埃。

可叹的是，张爱玲并不知道，胡兰成的自私与无耻，被他温文尔雅的外表掩盖着，不着痕迹。张爱玲虽聪慧，但是迷醉在爱情的喜悦里，便少了判断力。

胡兰成风流成性，加上灵魂里的卑劣，不可能对谁从始至终。乱花丛中过，片叶不沾身，于他，是最可怜的事。他，没有忠贞可言。

张爱玲没有看透。于是，他们相爱了。

在张爱玲最美的年华。

许是荒凉了太久，所以突然遇见那个令她动心的男子，便以为是此生归宿。对于胡兰成，她无比痴情。尽管，她知道他的底细，亦知道他是有妇之夫，但她不在乎。她性情简单，不愿理会尘世规则。

她要的只是，凭窗相对，男欢女悦；她要的只是，花前月下，诗酒流连。

于张爱玲，浪漫与诗意随处可见。她不喜出游，如许多诗性的人，总是相信，最美的景致都在心里。斜阳草树、山水渔歌，不如心底的闲花落地。胡兰成同样不喜出游,刻意求得新鲜。

所以,他们很少出门。谈艺论文,品茗醉眠,是他们更喜欢的事。从人生到文学,从沧海月明到岁月无声,说起来,总有无限的情趣。

情到深处,他们之间,已没有了距离。

但在经济上,张爱玲仍是独立的。她的小说销路好,稿费又比别人高,所以她并不需要胡兰成养她。事实上,经过那些窘困的日子,她早已明白,除了自己,谁都靠不住。但她并不拒绝用胡兰成的钱。

她说,能够爱一个人爱到问他拿零花钱的程度,那是严格的试验。她享受的,是那份情趣。大概所有的女人都这样,纵然可以睥睨天下,仍希望在某些寂静的时刻,小鸟依人。

后来,胡兰成离婚,他们结婚了。胡兰成考虑到日后时局的变动,两人没有举行正式的仪式,只写了婚书为定:胡兰成张爱玲签订终身,结为夫妇,愿使岁月静好,现世安稳。张爱玲希望,这场爱情可以在婚姻里,落地开花,永不凋残。

但是,胡兰成这样朝秦暮楚的男子,不可能让张爱玲真的尘埃落定。她愿意以尘埃的姿态相爱,他却眷恋着外面的柳绿花红。

后来,抗战结束,身为汉奸的胡兰成不得不四处逃难。在逃难的途中,他很快便另结新欢,先是医院小鸟依人的年轻护士,后是故友家里风韵犹存的姨太太,只留给张爱玲冷寂的月光。张爱玲去温州看胡兰成,却发现他身边另有别的女子。她希望胡兰成给她个交代,却被他斥责,于是黯然离去,对这场爱情也彻底死心。

尽管胡兰成背弃了誓言,在他逃难的时候,张爱玲还是尽力给予他资助,多次寄钱给他。对她来说,爱情就是,不离不弃,生死相依。

不到最后,她绝不愿辜负尘缘。

可惜,胡兰成并不如她这般,为爱痴狂。甚至,对他来说,爱情不过是你情我愿的风月故事。对所有女子,他可以与之私语缠绵,却也可以弃之如敝履。

于他,没有永远的朱砂痣,没有永远的床前明月。

终于,张爱玲给胡兰成写去了绝情信,彻底了断了这场爱情。她向来如此,恩怨分明,不喜拖泥带水。过去,她该做的都已做了,无怨无悔;未来,该结束的必须结束,不必多言。

她爱得彻底,却也了得利落。她既不想把自己的自尊心弄得千疮百孔,亦不想在被置于爱情荒野的时候还患得患失。开始的时候纵然再华美,结束的时候也该云淡风轻。她永远是这样,决绝而冷漠。决定了结束,她仍是那个冷傲的乱世才女。

缘起即灭,缘生已空。

但她,的确倾心地爱过。以年华,以美丽。

她的悲情,落地成霜。岁月早已没了声响。

岁月无声

我们有很多理由热爱生命,却也有很多理由厌倦人间。

说起来，人生不过是不停歇的变幻莫测。世态炎凉，人情冷暖，都要面对；酸甜苦乐，离合聚散，都要体会。所以，很多时候，我们宁愿醉去。因为，醒着就意味着眼睁睁地看自己渐渐凋零。

人间何处，不经风雨；日子何时，没有残红？

但是，印象中的张爱玲，却始终清醒。惆怅也好，落寞也好，她总是以清冷的眼神，望着世界。穿过人潮，穿过岁月，是她眼神里永远不变的坚定与决绝。或许是因为这种清醒，她时刻感受着悲欢，却也时刻了悟着聚散。

曾经，爱情是张爱玲心中的烟月芳草。没想到，几年以后，这倾城的爱情，就只落得风雨凄凄。爱情枯萎后，张爱玲也几乎枯萎了。从此以后，她的人生，更多的是悲凉与清寂。

抗战胜利后，因为与胡兰成的关系，张爱玲在上海的日子越来越艰难。外有舆论的压力，内有婚恋的绝望，她几乎无力承受。毕竟，她只是个才离开大学几年的女子。而生活，却是风雨凄迷。

人间之事，如烟如雾。看不穿，解不开，挥不去。许多事情，我们无力改变，只能沉默以对。心绪寥落的张爱玲渐渐发现，自己的文章越来越难发表。在这期间，张爱玲反复考虑了自己的出路。最终，她还是选择了写作。

沉默的年月，她只剩自己。

寂静的人间，她独自漂泊。

张爱玲喜欢寂静，但那段时间，除了寂静，还有荒凉。

此后，张爱玲不仅在文字上没有了过去的洒脱与飞扬，在个人生活方面，她也不再奇装炫人，转为沉默平实。于是，属于这个乱世天才女子的时代，默然逝去了。

她必然要回到自己，面对冷冷清清的年光。那场爱情之后，她几乎爱无所爱。大概只有窗前的明月依旧可人，因它如初般清透。然而，明月无心，照人无眠，滋味也不好受。

此时，张爱玲的家庭已很少与她发生联系。弟弟张子静来看过她，却也是言语寥寥。母亲流走海外，音讯渺茫。虽然1946年回来过，但是彼此无比生疏。不久之后，母亲又去了英国，再也没回来过，后来病死在英国。而多年不相往来的父亲，此时更是境况窘迫。

张爱玲又如从前那样，赤裸裸地生活在天底下了。

她只能在孤独里找寻内心的完美。她独自悲欢，不需谁过问。

浮华褪尽，人比烟花寂寞。

她纵然才气纵横，也经不住时代变迁的碾压。她回到了寂静，或者说，她始终寂静。她是在混乱人间守着本心的张爱玲，喜欢在寂静里独面花谢花开。

她的绽放与凋零，从来都是她自己的事。

但她又无法避开世事纷扰。她尽量让自己处变不惊，却不得不在岁月的声响中寻寻觅觅。结束了烽火连天，她的世界却并未安稳下来。如她所说，在太平世界里，她仿佛是寄人篱下。因为，她有她的性情，不愿随波逐流。

对于上海，她情有独钟。她在这里生活，亦在这里爱恋。

悲也好，喜也好，这是她人生旅途中温暖的驿站。

喧嚣里的寂静，夜空下的灯火，醉意里的清醒，都曾与她的生命倾情对照。

但是最终，她悄然离开，不与谁作别。

她去到香港，继而去到美国，这是属于她的流浪。从此，她走上了不归路。上海的迷离灯火，她再未看到过。她与家人彻底断了联系，多年以后，虽然与姑姑和弟弟取得联系，却未能重逢。她是乱世才女，亦是沧海浮萍。

在美国，她遇见了赖雅，开始了那场沉默的婚姻。然后，她加入了美国国籍。这是她从未想过的事，却悄然发生。世事无常，她早已知晓。

他们的相遇，说不上浪漫，甚至也没有多少欢喜。

只是寻常遇见，彼此觉得安然。

赖雅虽然已近暮年，但是对她既热情又关心，给了她天涯之外的慰藉。终究，张爱玲不喜欢漂泊的感觉，她需要安稳。

可惜，赖雅并不能在经济上为她提供多少庇护。他年轻时喜欢豪华，为人又慷慨大方，即使是在为好莱坞写作剧本收入甚佳的时候，也没有多少积蓄。事实上，与张爱玲相识的时候，他也正是前途未卜。后来的若干年，他们辗转流离，生活很是苦涩。

天地之间，人如尘埃。

很多时候，纵然你心存完美，也只能惨淡经营。

春风秋月，斜风细雨，都已成了过往。此时的张爱玲，只剩下了西风萧瑟。

后来，赖雅病逝。张爱玲在港台和大陆再次受到追捧，她的日子才又安稳了下来。她开始了漫长的幽居生活，很少出门，甚至连邮箱也懒得打开。她遗忘世界，亦被世界遗忘。

她彻底回到了自己身边。从那时开始，她几乎是退出了纷乱的俗世生活。她选择了离群索居，这是她喜欢的生活方式。远离曲意逢迎，远离狡诈虚伪，哪怕只是寂静角落，她也是快意的。所有的天大地大，其实都在她心里。

她在人海深处，也在红尘那头。她是遗世独立的张爱玲，不允许别人闯入她的世界。她不需要谁来过问她的消息，也不需要谁来照看她的年光。她喜欢这独自的寂静悠然。

其实，每个人都可以在内心深处，筑芳草田园，然后住进去，看夕阳西下，看月到天心。那是永远的栖息地，无论春秋冬夏，无论晴天雨天。可惜，红尘世界，人们总是忙碌，很少有人能真正静下来，于心间，修篱种菊。

当然，这与天性有关。独守寂静，不惧孤独，没几个人能做到。但是张爱玲可以，她天性孤冷，不喜与人结交，喜欢独自清欢。所以，她总是那个沉默的模样。

一个人的似水流年，一个人的地老天荒。

往事，可以尘封，了无痕迹；

得失，可以放下，不悲不喜。

唯有天边明月，仍是红尘知己。寂静遥夜，邀来明月，浅酌低唱，这样的情境，她最是喜欢。其中妙处，少有人知。那些沉默年月，或许并不沉默。

曾经流光溢彩的年华，曾经风华绝代的岁月，都远去了。终于，她看到了暮色沉沉。但她已是，不悲不喜。

对于人生，她有自己的感悟，却很少对谁说起；对于世界，她有自己的态度，却总是沉默不语。尽管生平寥落悲凉，却也掩不住那份光华。她的芳草田园，她的春花秋月，只属于她，也只有她明白。

后来的那些年月，与其说是凄凉，不如说是凄美。

终究，她是张爱玲。不见她吟风赏月，却也是满地诗情。

最后，她离开人世，从寂静走向寂静，了无痕迹。

来得不声不响，去得不惊不惧。

那是个无人照看的秋天。

红尘无岸，岁月无声。

张爱玲：清欢独自，往事倾城

孟小冬：陌上花开，谁与相共

红颜何处

花谢花飞花满天,红消香断有谁怜。

似乎,所有的红颜,都带着几分凄凉的美感。

林黛玉葬花的场景历历在目,那形影相吊的身影,那飘零无依的落花,还有东去不归的流水,组成了暮春时节的悲情画卷,让人忍不住感伤。

泪眼迷离的时候,终于发现,这世界,她从未来过。她只是在红楼的梦里,病怏怏地,带着泪水与凄凉,走入更深的梦境。但我们,却固执地相信,她就在那里,凄婉如诗。

多年以后,红袖添香的情节不在,踏雪寻梅的画面不在。这世上,只剩下来去迷惘的人们,踩着苍白的时光,做着无味的事情。

细看人间,真正的红颜,竟是走远了。

但那时,那些烽火连天的年月,却有过许多的红颜。巧笑嫣然,凌寒独自,是她们;吟诗作画,临风对月,是她们。在所有关于红颜的记忆里,她们最是特别,既有旧时女子的娴雅静致,又有新潮女子的勇敢果决。因为有过她们,民国纷乱的历史才有了几分温柔意味。

孟小冬,就在这些女子中间,傲然地立着,如雪中寒梅。只是,和当时许多女子相似,她也未能逃脱命运坎坷的谜题。

心高气傲也好,才华横溢也好,来到人间,就必然要面对人生无常。

红尘万丈,岁月无边。

我们终究只如尘埃,在世间飘飘荡荡,等待落地无声。

艳若桃李,冷若冰霜。这就是孟小冬给人的印象。在流传下来的不多几张照片中,她总是那样,绷着脸,留着清汤挂面式的发型,脸上不含笑意,气质清冽,目似寒星,仿佛要看进人的心里去。

她生于严冬,便也沾染了几分寒冷的气息。她并不想遗世独立,亦不愿被人遗忘,只不过,繁华里头尽是荒凉,岁月深处不见灯火,很多时候,她只能立在角落,冷冷地打量人间世事。

那时候,她是她的风景,亦是她的归途。

其实,经过人间,我们也可以如此,冷眼看世界,静默笑苍生。风起月落,花谢水流,都不介怀,只在心中,守护春暖花开。

不知何时,她已穿上戏服,登上了属于她的舞台。那是属于她的地方,有许多由衷的掌声,也有许多追慕的眼神。当然,还有戏里戏外对照出的人生兴味。

她迷恋那个地方。甚至可以说,她是为戏而生的。若人间无戏,她大概会永远沉默不语。所幸,在她出生的时候,戏曲这东西,已流传了千年。从西厢到红楼,从花木兰到穆桂英,从贵妃醉酒到霸

王别姬,有戏的日子,那些戏迷们才有个念想。

生旦净末,唱念做打。不过是在别人的故事里,体验自己的悲喜浮沉。

在舞台上,她是老生,是众人眼中的王者。走下舞台,她是寻常的女子,在陌生的尘世,寻找自己的归宿。对于所有人,这样的寻找都带着几分迷惘。往往是这样,寻找着寻找着,就只剩独自的身影,寥落于尘寰。

渐行渐远,渐渐无声。许多情缘,最终竟是如此。

那两个走入她生命的男子,说起来都是人群里的佼佼者。梅兰芳,梨园伶王,他们曾游龙戏凤,对酌流年,最初那样美,最后却那样凄凉;杜月笙,江湖大佬,他给了她人间的温暖,但是风烛残年的他,无法给她长久的护佑。

到底,还是岁月胜了。后来的那些年,她只能伶仃度日。

尽管如此,人们还是记住了她的性情。

她是红颜,但是磊落明快,绝不拖泥带水。

她是女子,但是傲岸决绝,性情不输男儿。

只是那生平故事,却终究未得圆满。

人生如戏,戏如人生。

戏里戏外

爱如禅，不可说。

天时地利的迷信，山回路转的相逢；携手红尘的快意，放手而去的凄凉。

爱情就是如此，让人欢喜也让人悲伤，让人痴迷也让人绝望。

无论如何，尘缘就在那里，巧妙地勾勒着世间的聚散离合。你可以不相信缘分，但是经历过许多事以后，你终究会明白，聚散皆缘。

若不是踏入梨园，孟小冬的人生或许就会完全不同。但是没办法，她天生就是属于梨园的，只有站在舞台上，她才能尽情绽放光华。舞台上，她是王侯将相，可以纵横捭阖。她不曾放下那样的畅快淋漓。

梨园生涯，有悲有喜，有起有落，她都坦然接受。世事本就如此，无论你走哪条路，总要面对浮沉变幻，能做的只是随遇而安。身为名伶，她遇见杜月笙，又遇见梅兰芳，却终于没能寻得真正的幸福。或许凄凉，却都是经年往事。

上海，这是她出生的地方。后来，她离开上海，又回到上海，灯红酒绿不曾改变，她的人生却不再寻常。

孟小冬出生于梨园世家。尽管在当时，唱戏的仍然承受着世俗偏见，但是老孟家算是很吃香的，只因孟小冬的祖父孟七曾在英王陈玉成办的科班里教过戏，这是他们家族的荣耀。

就在这样的荣耀下，孟小冬从5岁开始就随着父亲孟鸿群，每天早晨吊嗓子。不过，因为旧时女子不唱戏，她并没有受到家族的

▲ 孟小冬（由中国第二历史档案馆提供）

严训，也没有被当成重点培养对象。但是家人们都发现了她惊人的天赋。于是，在她7岁的时候，姑父仇月祥，成了她的启蒙老师。孟小冬开始学唱孙（菊仙）派老生。她天生一副不带雌音且洪亮的好嗓子，又练功刻苦、悟性极佳，很快就小有所成。

1916年，年仅9岁的孟小冬，在上海哈同花园首次登台演出堂会戏《乌盆记》。她小小年纪却少年老成，把孙派老生的唱功、行腔、念白、表演得有模有样，当时便有行家将其誉为童伶中的杰出人才。

当然，从童年即在舞台上扮演帝王将相、壮士义仆，不能不对孟小冬的性格产生影响。其一生刚烈孤傲、宁折不弯的性格，许是那时便渐渐形成。

几年以后，豆蔻年华的孟小冬出落得亭亭玉立，在舞台上已是游刃有余。没过多久，她就名声在外了，只要有她登台唱戏，场场爆满，票价也会飞涨。在人们心中，她已是上海滩冉冉升起的名角。

到底，她是梨园天才，经过岁月磨砺，自会光华照人。

你若盛开，清风自来。或许，她心里明白。

只是，她不知道，迎面而来的清风，到底会吹开怎样的风景。

世事如谜，我们都在深邃的迷局里。孟小冬也不例外。

然后，杜月笙走来了。他们分属舞台上下，却在同样的尘缘里面。他悄悄地看着她，默然欢喜。那时候，他正是而立之年，还不是江湖大佬；那时候，她只是梨园新秀，尚不懂爱恨情仇。

往事如风，已无处打捞。我们只能从时光的尘屑里，找寻那些支离破碎的往日片段。不管怎样，他们相识了。杜月笙喜好京剧，是出了名的戏迷。民国年间的京剧名家都和他有过往来，梅兰芳和他交情颇深，还陪他演过《四郎探母》里的"坐宫"。

在杜月笙的帮助下，孟小冬搭班黄金荣的共舞台，从此正式开始在大戏院演出，凡有孟小冬的戏，杜月笙必到场。若说此时他们已互生情愫，绝非捕风捉影。

只不过，世事是最经得起猜测，也最能让人始料未及的。

也许，当我们苦心猜测当年往事的时候，孟小冬会冷冷地说：关于我的事，你们统统都猜错。她的故事，她的悲喜，只有她清楚。我们只是局外人。甚至，对她来说，连故事里的那些人，也不过是人生过客。她就是这样清冷。

终于，梅兰芳走来了。孟小冬从未忘记这个男子，可惜，他给她的，却是瘦弱的背影，以及满地的凄凉。或许也正因为如此，后来她走向了强悍霸道的杜月笙。她需要这样的力量，给她支撑，给她安稳。

1925年，孟小冬与武生白玉昆搭班北上，她需要更大的舞台。

只是，前方等待她的，除了更大的舞台，还有世事的冰冷。

从南方到北方，路途不算太远。但她，却注定要经历沧海桑田。

年华正好，世事如霜。她很快就要面对。

若不经历聚散悲喜，人生便也没有趣味。多年以后，孟小冬大概会明白。不知道，回首往事的时候，她是否无怨无悔。

初至京城，孟小冬便以精湛的技艺惊艳了整个京剧界。有人说，孟小冬天生好嗓子，最难得的是没有雌音，这是千千万万人里最难得见到的，在女须生界，可谓前无古人。

与此同时，戏台之外的她，也以冰冷清丽的容貌，吸引了许多人的目光。据说，袁世凯的女婿、剧评人薛观澜曾将孟小冬的姿色与清末民初的雪艳琴、陆素娟、露兰春等十位以美貌著称的坤伶相比，结论是无人能及孟小冬。

天生丽质，却不楚楚可怜；

风华绝代，却又至情至性。

这就是孟小冬。她的美丽，夹杂着男子的果敢与坚定，所以更让人动心。即使是京剧大师梅兰芳，在遇见她的时候，也是蓦然间心生涟漪。而在孟小冬的眼中，正值春风得意的梅兰芳，亦是难得的景致。

某次堂会，他们合演了《四郎探母》，孟小冬扮演杨延辉，梅兰芳扮演铁镜公主，双方阴阳颠倒，演出十分成功。此后，梅兰芳唱堂会遇有《四郎探母》，总邀孟小冬合演。

这样的往来之间，彼此渐渐暗生情愫。

故事，轻描淡写地留在了记忆里，却是终生无法抹去。

开始的时候，谁也猜不到结尾；结束的时候，却又怀念着最初。

爱情，就是这样扑朔迷离。聪慧如孟小冬，在爱情里也不过是茫然的行人。

1926年，北平政要王克敏过半百生日。那天大唱堂会戏。在酒席筵前，座中忽有人提议应该让梅孟合演一出《游龙戏凤》，众宾客皆赞成。见众人开心，梅孟俩二话没说，洗脸画妆，粉墨登场。

《游龙戏凤》赢得了满堂彩。18岁的孟小冬在从未正式登台演出此戏的情况下，演得游刃有余，让人们惊叹不已。梅孟二人配合得天衣无缝，滴水不漏，将正德皇帝的儒雅风流和村姑凤姐的天真烂漫演绎得入木三分。

他是旦角之王，她是须生之皇。珠联璧合。

或许是因为，他们早已心有灵犀。于是，当好事之人撮合的时候，两人便默许了。

爱情的最后归途，未必是天长地久。但人们不愿错过携手红尘的古老情节。

孟小冬与梅兰芳，是戏剧舞台上的王者。却也不能免俗。

戏里的尘缘因果，戏外的花开花落。

或许，她早已忘记，到底是在戏里还是戏外。

人生本如戏，她入戏太深。

你若无心

从来都是，风月无情。

所有的遇见，都与离别有关；所有的爱恋，都与悲伤有关。

尘缘里面，本就藏着太多的不可预知。往往是这样，走着走着，就走出了彼此的世界，从此两处天涯；往往是这样，爱着爱着，就爱成了荒烟蔓草，于是满目凄凉。

杨柳岸，晓风残月，也许只是寻常离别。

也许，是红尘陌上的老死不相见。

相见时的欢喜，相别时的苦楚，只有经历过才明白。就像此时，孟小冬不可救药地爱上了梅兰芳，并将其视为生命的归宿。她绝对猜不到，这份交付了痴心的爱情，到底会演绎成何种模样。

猜得中开头，猜不中结尾。众生皆如此。于是，我们总是爱得不知所措。

孟小冬早已知晓，梅兰芳是有有家室的。但她顾不了那么多，爱情突然来临的时候，谁还能看得清那些细枝末节？何况，她只是涉世未深的青春女子，对爱情存着美丽而单纯的梦想。于是，她选择了与他相爱，为此甚至不惜与师傅仇月祥反目。

她要的也许只是，花前月下，两心相知。

情根深种，她甚至不愿意计较名分。

爱情里面，连孤绝的张爱玲都甘愿俯身至尘埃，只因那尘埃里开出的花太美！

彼时的梅兰芳，已是名满天下，且有两位夫人。第一位夫人叫王明华，因为连续丧子，病倒后卧床不起。梅兰芳不仅是单传，而且因其伯父无子，肩负着为两房传宗接代的使命。于是，又娶了福芝芳。

福芝芳也是梨园出身，在舞台上属于花旦。那时候，在梅兰芳的眼中，这位二太太也是天然妙目，明媚动人。或许，他也曾认定，她是他最后的风景。

但是，若干年后，遇见了孟小冬。他被她的美丽与才华吸引，无法自拔。无论结局如何，他愿意与她，共赴这段尘缘。

只不过，爱情如雾里看花，不到终点，谁也不知道是劫是缘。

1927年，孟小冬嫁给了梅兰芳。为爱，她甘愿投身于大火。

那日，月白风清，时光静好。红罗帐里，鸾凤和鸣。或许，他们也曾说过天长地久。

然而，世事多变幻。很多时候，爱情不只是两个人的事。荆棘与风雨，都会如期而至。到时候，是坚守还是放手，不止与爱情有关。

爱得再深沉，也未必能携手到老。红尘之事，就是如此。

天真的孟小冬，终究不曾看清。

福芝芳是个厉害角色，死活不肯让孟小冬进门。梅兰芳无奈之下，只好在外面找了一处四合院与孟小冬居住，起名为缀玉轩。

孟小冬，抱着满心的欢喜，和舞台上的梅郎做了真夫妻，她不求名分，放弃了演出，只希望能够和意中人朝夕相守。直到多年以后，她痛定思痛，才终于明白，往事只如梦，爱恨皆是空。

但其实，他们之间是有过好日子的。且不说舞台上的俪影双双，

就是在现实生活中，也曾经如胶似漆。嫁给梅兰芳，孟小冬不能再抛头露面，登台唱戏，就在家里吊嗓子，梅兰芳为她请了琴师；此外，孟小冬还学习绘画和书法。两人相处的时候，又是别样的幸福。说着家长里短，你为我烹茶，我为你煮酒，日子很是快活。

只是，越是美丽的画面，就越经不起时光浸染。

细语花前，缠绵缱绻，终究敌不过世事变迁。

孟小冬毕竟是名角，扮相俊美，台风潇洒，蜚声菊苑，有不少拥趸，其中就包括大学生李志刚。孟小冬的戏，他从不肯错过。为此，他曾天天旷课。后来，他发现自己单恋上了孟小冬。孟小冬嫁给梅兰芳，不再登台唱戏，他突然间变得疯狂。某日，拿着手枪就跑到缀玉轩要和梅兰芳火拼。混乱之中，李志刚击毙了调解人张汉举，自己也被军警乱枪击毙，枭首示众。

这件事发生以后，梅兰芳家人纷纷劝梅兰芳离开孟小冬，福芝芳更是借此吵闹不休。梅兰芳本就性情软弱，被那件血案吓得不轻，加上家人劝说和福芝芳的逼迫，便开始疏远孟小冬。有时候，他甚至隔很多天才去见孟小冬。

骄傲的孟小冬，在这样的疏远里，心事渐渐冰凉。

不经过世间冷暖，不明白人心难测。

孟小冬，心冷之后，终会将那个男子看清楚。

1929年，梅兰芳将要赴美演出一事又引出了一场风波：孟小冬和福芝芳，到底谁跟他访问美国，在全世界面前以梅夫人的身份亮相？为了能够随梅兰芳出访，怀有身孕的福芝芳甚至不惜去医院堕胎。最后，为了平息风波，梅兰芳决定只身赴美。

▲孟小冬（由中国第二历史档案馆提供）

孟小冬：陌上花开，谁与相共

  很显然，孟小冬与福芝芳，从开始就水火不容。只是，谁也没料到，事情会演变成这样。

  孟小冬只是想与所爱的人过简单的日子，可是，是非却从不肯放过她。

天荒地老，不离不弃。本就是虚渺无力的誓言。

人间万事，水月镜花。不到最后，我们都是迷途之人。

1931年夏天，将梅兰芳养育成人的大伯母病逝，孟小冬特意剪了头发、戴着白花、身着素服，去梅宅吊唁。却被身怀六甲的福芝芳挡在了门外，福芝芳以死相逼。

孟小冬站在门口，孤立无援，所有人都等着看她的笑话。这时她多希望梅兰芳能给她支持和力量，可惜，她的梅郎再次退避，没敢让她进门。

他仍旧是那个软弱的男子。在泼辣的福芝芳面前，他能做的，竟然只是颤抖着身体，无力地打发孟小冬离开。心高气傲的孟小冬，如何受得了这番侮辱？她真的是离开了，不过这次，她离开的，不仅是梅家的院门，还有那场注定不好收场的爱情。

舞台上，她叱咤风云。但现在，她彻底地败在了唱青衣的女子手下。

到底，唱青衣的比唱须生的更懂得以柔克刚。

而那个男子，戏里戏外，皆是青衣模样。倒是不改本色。

孟小冬终于看清了，梅兰芳，这个她深爱着的男子，拥着三妻四妾，为名利而奔忙，与俗世的男子并没有两样。她的心，到底还是彻底凉了。

这场爱情，也彻底到了尽头。或许，本就是错。

只是最初，欢颜里的两个人，忘记了世事无常。

受此大辱之后，骄傲如孟小冬，痛定思痛，毅然决定和梅兰芳分手。与福芝芳给她的侮辱相比，她更加不能忍受的，是梅兰芳那种退缩冷淡的态度。

她的刚烈决绝,他的懦弱闪躲;她的不怨不悔,他的渐行渐远。

这段尘缘,就在这样的对照中,失去了往日色彩。

你若无心,我便休。这就是孟小冬的态度。她的性情,向来如此。爱情不在了,至少还有尊严。只是回首的时候,往事成丘,总会伤神。

人间风月,陌上烟雨,原来都是假的。

戏里的悲欢离合,倒像是真的。

曾经沧海

死生契约,与子成说;

执子之手,与子偕老。

三千年前,这样的誓言,就已是悲凉凄绝。三千年后,仍是这样,誓言只如烟霞,经不起风吹雨打。毕竟,世事难料,我们走在未知的路上。

所以,张爱玲说,这是悲哀的诗,生死聚散,都是大事,不由我们支配。万丈红尘,我们只如微尘。可我们总愿意在风前月下,默然地说出,不离不弃,生死相依。仿佛,我们真能做得了主。

其实,相聚别离,只是刹那。白居易说,来如春梦不多时,去

似朝云无觅处。仔细想想,真是如此。爱情这东西,你越想执手不离,就越容易各自天涯;你越想天长地久,就越容易默然凋残。

人间万事,总堪惆怅。我们只能,随遇而安。

或许,孟小冬早已知晓,生于乱世,很难求得真的安稳。但是,那些被爱填满的日子,她还是免不了幻想长久相依。对于爱情,她终究是有些执念,明知聚散难定,仍希望,琴瑟在御,岁月安好。

但是现在,她彻底清醒了。那个她以心相许的男子,经不起世间风雨的洗礼。这段爱情,注定无法完满。他的软弱与优柔,让她的痴情无处安身。

最初的春暖花开,最后的尘埃满地。

仿佛只是刹那,却已沧海桑田。

来得飘渺,去得寂静。人生与爱情,大抵都如此。

民国女子,印象中总是那样,几分傲然,几分孤独,几分洒脱。但是,同样是民国女子,对于分手的处理方式却大为不同。

最重情重义的莫过于张爱玲,决定和胡兰成分手时,还给他写了诀别信:"我已经不喜欢你了。你是早已经不喜欢我的了。这次的决心,是我经过一年半的长时间考虑的。彼惟时以小吉故(小劫,劫难之隐语),不愿增加你的困难。你不要来寻我,即或写信来,我亦是不看的了。"随信还附上不少钱,以助他度过难关。

到底是张爱玲,纵然分手也绝不出恶语,仍是情深意重。

最激烈的莫过于蒋碧薇,她和徐悲鸿本是佳偶,最后因为离婚闹到了打官司的份上,作证律师是大名鼎鼎的沈钧儒。最后,蒋碧微大获全胜,获得了一双儿女的抚养权,并从徐悲鸿那儿得到了100

万的赡养费和100幅画。曾经如水的爱情走到这步田地,让人惊愕不已。

最戏剧性的莫过于杨之华。在嫁给瞿秋白之前,杨之华是沈剑龙的妻子。她有了婚外情后,三个人会面谈判,谈判的过程很友好,结果更奇妙。他们于同年同月同日,在报纸上发了启示,告知天下,杨之华与沈剑龙正式分手,瞿秋白与杨之华开始恋爱,沈剑龙与瞿秋白成为朋友。竟然是,一别两宽,各生欢喜。后来,瞿秋白与沈剑龙,还真的成了至交好友。或许,他们都懂得,爱情也可以是,彼此成全,各自珍重。

最荒唐的是白薇。白薇和杨骚之间的情感经历十分离奇,分分合合持续了近20年,每次分手,两个人还会立下一些奇特的约定,其中1925年那次的约定最怪异,杨骚向白薇承诺:等他在新加坡嫖满100名妓女,两人就复合。更奇葩的是,白薇居然答应了,代价是后来她染上了一身的性病。如此尊严扫地,最终还是没有走向白头偕老。爱得再深,也不该放下尊严。

孟小冬,本就性情直率。所以,就连分手,也是那样磊落明快。

孟小冬是决绝的。当她决定分手的时候,便再也没有挽回的余地。于是,那个雨夜,梅兰芳在门前苦等了一夜,她的门扉终究是不曾打开。说了结束,便是结束,此后岁月,各自安好。她不想让自己再次跌入荒原。

1933年9月,在天津《大公报》第一版上,孟小冬连登了三天启事:"冬当时年岁幼稚,世故不熟,一切皆听介绍人主持。名定兼祧,尽人皆知。乃兰芳含糊其事,于桃母去世之日,不能实践前言,

致名分顿失保障。毅然与兰芳脱离家庭关系。是我负人？抑人负我？世间自有公论，不待冬之赘言。"

这样的分手宣言，和孟小冬在舞台上爽朗豪迈的扮相太相衬了。是我负人，抑人负我？廖廖八字，沉郁顿挫，是那种纵有沉痛也要咬碎了银牙往肚里吞的"冬皇"气派。

分手时孟小冬曾对梅兰芳放过狠话："我不要你的钱。我今后要么不唱戏，再唱戏不会比你差；今后要么不嫁人，再嫁人也绝不会比你差。"

然后，转身离开，让故事沉入从前。

这对神仙眷侣，终于劳燕分飞。

原来，所谓的天长地久，不过都是戏里台词。

与梅兰芳雨夜的诀别，正是孟小冬特有的骄傲。只是，三载情缘，默然成空，她早已心事成灰。毕竟，她曾那样痴痴地爱过；毕竟，她曾想过不离不散。

曾经沧海难为水，除却巫山不是云。当年，元稹写下这样的词句，或许是黄昏，或许是夜半，满心的落寞。千年以后，夜深人静的时候，孟小冬或许也会想起这首诗，然后回忆起那些诗意翩跹的画面，心事百转千回，转出了漫长无际的悲伤。

红尘路远，她曾因那样的相逢而欢喜不已。可是现在，故事结束了，只剩残缺的回忆，没有落脚的地方。爱过之后，爱无所爱，遥远的红尘路，再没有人能如他那样，让她尽情绽放。

心无所依，人间便也没有了趣味。与梅兰芳分手后的孟小冬绝食、生病、避居津沽，甚至一度于天津居士林皈依佛门。此后数年，她坚决避免与梅兰芳相见。纵然相见，也不过是寻常寒暄。

　　与梅兰芳分开五年之后，孟小冬拜余叔岩为师，从头开始学习谭、余派老生艺术真髓。余叔岩是民国初年京剧界惊才绝艳的人物，孟小冬对他景仰已久。他生平恃才傲物，很少收弟子，因为大多数人不入他眼。但是，孟小冬让他破了例。

　　不得不说，孟小冬是聪明绝伦的，天生为戏而生的女子。所

▲ 孟小冬女扮男装（由中国第二历史档案馆提供）

孟小冬：陌上花开，谁与相共

067

以，即使是余叔岩这样骄傲的人物，也对她青眼有加。沉下心来的孟小冬，忘记了旧日光华，亦忘记了往昔爱恨，只愿认认真真地做个余派弟子。

在余叔岩卧病在床的时候，孟小冬侍奉汤药一月有余。余叔岩感其敬师之诚，把自己演《武家坡》中薛平贵的行头增给她继承使用，以作纪念。孟小冬在京的每次演出，他都不顾病体为她把场。

重出江湖后，孟小冬仍是受尽瞩目。1947年，杜月笙60岁寿辰，她在上海中国大戏院出演《搜孤救孤》时，全国的京剧名老生前往观摩，著名须生马连良和香港《大成》杂志主编沈苇窗竟然挤在一个凳子上看了一出戏，没有买到戏票的戏迷都在家聆听话匣子的实况转播。据著名科学家王选回忆，那两天晚上的上海滩真可谓万人空巷。

至此，孟小冬已完全确立了中国京剧首席女老生的地位。但她从未想过自创门派，甘于隐匿在余叔岩的光环之下，是她对老师的尊敬，更是她对自己艺术生涯的冷静选择。

她是无数人心中的冬皇。她的风华，从来都不曾褪色。

只是，那些往事，仍在心头，疏疏落落。

红楼夜雨，世事烟云。

她不曾辜负岁月。

轮回寂静

花开花落，云卷云舒。

说起来，人生何尝不是如此。

不知不觉，少年已白头；不知不觉，往事已成空。

来的时候，年华如歌；去的时候，红尘如泥。

我相信，每个人来到世上都是有缘由的。不管你相信与否，匆忙的红尘旅程，许多事早已注定。长在哪个角落，开在谁必经的路旁，遇见怎样的聚散离合，我们都不知道。我们只是以尘埃的姿态，遇见所要遇见的，经历所要经历的。

然后，悄然离去，两手空空。

孟小冬的故事里，不能没有杜月笙。尽管影影绰绰，但是那些年，他始终在她不远处，无悔地，照看着她静默的流年。或许，她不知道，在初见的刹那，他就曾暗自发誓，此生若不能拥她入怀，便算是白活了。

那时候，他总是在台下，看着台上光彩照人的她，眼神中尽是怜爱与温暖。初见的欢喜，竟成了终生的守护。很多时候，他愿意放低姿态，只为触着她手心的温暖。

只是，那年那月，她去了北方。仿佛，故事还未开始就已结束。谁知道，后来的某天，她又去到他的身边，给了他暮色下的欢颜。想必，她对他，亦是有情的。

人生于世，看似走了很远，其实不过是在兜圈子。所以，我们总有这样的错觉，许多人似曾相识，许多地方似曾走过。难怪，张爱玲说，红尘十丈，茫茫人海，竟还是自己的来处。

离开上海，又回到上海，兜兜转转，她终于还是回到了他的世界。

离开的时候，他还不曾闻达于世。回来的时候，他已是上海滩大佬，大公馆、青红帮、百乐门，上海风云无不与他有着密切关联。

杜月笙，这个横扫着上海滩几十年的男子，更像戏文里的架子花脸，有着与生俱来的邪气和霸气。在很多人眼中，他是霸道而冰冷的。但就是这个男子，却给了孟小冬长久的温柔。

他知她的冷暖，亦懂她的性情。

于这尘世，他是她的知己。若非如此，多年以后，她大概不会回到最初相遇的地方，将那些散落在时光里的温柔尽数拾起，再还给他同样的温柔。

只是，经过那些年月，她已不是当年那个年华正好的红颜。北京，那座刻着太多岁月痕迹的城市，给她的不仅是青春不在，还有往事不堪回首。她曾倾心地爱过，却终于落得满心恓惶。宿命因缘，如烟尘迷雾，不到最后，谁也看不出个究竟。

浮华世界，爱恨纠葛。

离合聚散，转头即空。

岁月，带走的是过客，留下的是沧桑。

让人欣慰的是，杜月笙对孟小冬，始终是那个模样，谦逊而温和。许是那最初一眼太过惊艳，于是从此，她便成了他心头的朱砂痣。他的身边从来不缺女人，但是在暮色沉沉的时候，他曾对人说起，他最爱的是孟小冬。那些年，他对她多方照顾，证明此言不虚。

她离沪赴京，他资助她上路，默然地与她道别；她所托为人，在婚姻里悲伤无处言说，他给她无声的鼓励，最后离婚的契约，是他从旁佐证，他还对她说，你要仔细思量。对她，他从来都是这样。

后来，她跟从余叔岩学戏，老派的梨园规矩众多，她必须上下打点。余叔岩的大女儿结婚她送了满堂的红木家具，二女儿的全部嫁妆由她包办。彼时，她久未演出，所花费的，无不是他无声的支持。

红尘陌上，没有谁能如此待她。多年以后，该珍惜什么，该放下什么，她早已心里有数。

杜月笙这个人，平生最是仗义。抗战期间，梅兰芳寓居上海，蓄须明志，靠卖字画为生。杜月笙就让账房黄国栋假别人名义，偷偷去买，帮梅兰芳渡过难关。上海滩一直有"黄金荣爱财，张啸林爱打，杜月笙会做人"的说法。曾受惠于杜月笙的人，数不胜数。黎元洪遭排挤时，也是杜月笙伸出援手，因此黎的秘书长曾赞他"春申门下三千客，小杜城南五尺天"。

演惯了老生的孟小冬，必然有几分侠义情怀。她所敬佩的，正是侠骨柔情之人。可以猜想，她对于杜月笙，绝不仅仅是感激。也许，在她的青春时节，他已住进了她的心里。只是当时，她还太年轻，对爱只有幻想。

花前月下，赌书泼茶；诗情画意，缱绻缠绵。

这些，都可能只是幻象。真正的爱，是成全与守望，是润物细无声。

杜月笙做到了，所以，孟小冬去到了他的身边。她发誓要用余生，真心待这个男子，以温柔，以恬静。

那年，杜月笙派专机接孟小冬到上海。她住进了杜公馆，忆起

前尘往事，蓦然间明白，眼前这个男子，才是她本来的归宿。那颗漂泊的心，终于落了地。

尽管，年华渐老；尽管，花颜不在。

但她愿意，以她无悔之心，慰他苍老年月。

后面的日子，她过得清淡如水。许多人，许多事，纵然看不惯，她也选择了沉默以对。经过那些年月，她已然明了，世事皆是浮云，许多东西，终要放下。虽然身边的那个男子已是行将就木，她还是愿意放下人间是非，仔细呵护这个别人眼里霸道、对她却柔情万千的男子。

1949年5月，杜月笙带着家小迁往香港，在统计办护照的人数时，向来寡言少语的孟小冬突然说："我跟着去，算丫头呢，还是算女朋友呀？"在杜公馆，她始终与世无争，但是这次，她终于提出了名分的问题。绕了那么多年的恩怨情仇，她到底还是不甘心的。

杜月笙当即宣布，要与孟小冬结婚。他为她付出了太多，但是于她，这件事是最重要的。终究，她只是个女子，看淡了世间冷暖，唯独这件事，始终念念不忘。

从此，在这世上，她总算有了个名分。对那男子，她也是倾尽了柔情。

他是她的栖息地，她是他的明月光。

在他最后的日子，她始终在他身边，不离不弃。

杜月笙病逝以后，孟小冬独自度日，过得了无牵挂。

解放后，梅兰芳曾在友人陪同下，到香港看望过孟小冬。然而，往事如风，两人相见也是话语寥寥。尘缘已了，许多事无从说起，亦不必多说。

梅兰芳自然不知道，孟小冬的房间里只摆放两个人的照片，一个是恩师余师岩，另一个则是他梅兰芳。而孟小冬亦不知道，那年她唱了两场《搜孤救孤》，梅兰芳在家听了两次电台转播。

往事经年，早已成丘。

纵然心里有过彼此，终不过是各自天涯。

蔡康永童年曾随父亲在餐厅里偶遇孟小冬，后来撰文回忆说，转头看看老太太，想看出点冬皇的派头，却只记得，望过去只是影影绰绰，灰扑扑的，尽是岁月的痕迹。

无论是谁，都敌不过似水流年。

王侯将相，才子佳人，被岁月磨洗过，便只剩灰扑扑的影子。

终于，孟小冬离开了。走得不忧不惧。

烟月年华，风流过往；故事落幕，只剩尘埃。

匆匆，便是人生。

寂静，便是轮回。

阮玲玉：卿本佳人，奈何薄命

花落无痕

世事繁华，可人事总在寂寞里枯萎。

繁华，是忧伤的寂灭。云烟过眼后，落花夕岚，夜雨青灯，都归了寂寞。等待和离去的人，也终将憔悴成旷野里的孤盏。任紫陌千层，凭红尘万丈，终究寂寞沙洲冷，如水如霜，如雾如烟。

足迹所至，皆是天涯；岁月尽头，没有归客。轮回里，我们走在苍茫的路上。远方与远方，隔着心事落寞无语。似乎，漂泊着，才是人生。

阮玲玉，她是电影里楚楚动人的女子，亦是红尘里风华绝代的红颜。

但她，走得太匆忙，只把忧伤过往，留给乱世的流年。

偶然地来，飘然地走。与所有民国女子相比，阮玲玉的生命，在美丽与哀愁之间，更多了几分凄绝。曾经，年华似水；曾经，岁月如歌。但是，转眼之间，落花无语，秋月无言。对着半窗幽暗，终于明白，人生不过是不堪回首的风雨飘零。

她是美丽的，亦是寂寞的。江湖夜雨，她只能默读伤悲，心里却倔强地等待着真爱。她早已知晓，真正的寂寞，不是灯红酒绿处的无病呻吟，而是江湖酒盏里的形单影只。

她有她的恣意，亦有她的执念。飘渺乱世，她总在寻寻觅觅，寻觅那个痴心的良人，来到她的世界，将她的年华与寂寞，送到花前月下。

为爱，她甚至可以忘记自己。仿佛，没有爱便会在红尘失了路途。

可惜，爱情这件事，来如春梦，去似朝云。

为爱痴狂的她，只落得满心凄凉。她所遇见的几个男子，不能完满她对爱情的渴望，更不能给她现世的安稳。是他们，无情地，将她推入了荒野。

她的人生与萧红很相似。不同的是，她属于光影流转的电影，萧红属于爱恨交织的文字。经过男人的世界，刹那的温暖后，她们都触到了尘世的冰凉。但她，更加决绝。

在花样的年华，她了断了尘缘。

红尘岁月，从此只在她身后。聚散离合，与她无关。

回首往事，无愧于心。她走得清白。从此，无垠的时光里，她睡在黑暗的胶片上，沉默不语。其实，岁月深处，她从来都不需言语。她是倾世的红颜，只需安坐月光之下，便可以让人流连。

原本，她可以活得清浅，只做自己的风景。

但她，却因贪恋红尘爱念，疏远了自己。

于是，花落无痕。

烟视媚行

最初，我们太小。

最后，我们太老。

最快乐的时光，往往不是年华正好。

人生匆匆，岁月迢迢，我们走在遥远的路上。异乡红尘，没有归途。悠闲的，是清风明月；寂静的，是沧海桑田。无情流光，会带走所有的念念不忘。留下的，只有漫长也短暂的烟雨迷离。

阮玲玉，在中国电影的默片时代，她的名字家喻户晓。有人说，她是中国的葛丽泰·嘉宝；有人说，她是中国的英格丽·褒曼。其实，她就是她，风华绝代，又静默如尘。驳杂尘世，她宛如娇艳的百合，长在风雨恣肆的荒野。

她是如水的女子，渴望乱世的温柔。如果可以，她愿意在某个温情男子的世界里，简淡生活，平静度日，从少年到白头；如果可以，她愿意在爱情里只做慵懒的猫，无拘无束，悠闲自得，没有悲欢离合。

但她知道，世事无常。没有谁，能避得开花谢花开。

来得寂静，去得凄凉。经过她生命的三个男子，都没有给她岁月静好。爱与哀愁，如浓郁烈酒，阮玲玉怅惘地饮着，由甜到苦，终至无味。终于，年华与情怀，繁华与落寞，尽数抛却，孤零零的身影，去了远方。

1910年4月26日，阮玲玉出生于上海。朱家木桥祥安里那间阴暗而狭窄的小屋，是她来的地方。父母皆是平凡之人，由于生活的重压，显得憔悴而苍老。他们望眼欲穿地想要生个儿子，没想到，这次坠入红尘的，依旧是女孩。她有着天生的美丽，初入尘世，便惹人怜惜。只是，没有人会想到，那眼眸里流转的欢喜，后来会变成旷世的悲愁。

父亲是第一个为她着迷的男人。随着时间的流逝，渐渐长大的阮玲玉，变得更加娇俏可爱，再加上大女儿的夭折，父亲视她为掌上明珠。每天，父亲回来，总会把她架在肩上，到外面兜圈子，向街坊邻居夸耀。

这美丽的女子，终究要飘入人海，接受众生炽热的眼神。

但同时，她也必须，面对世事如霜。

越美丽的东西，越经不起命运颠簸。或许，早已注定，她只能刹那绽放。

然后便是永远的沉寂。烟花易冷，就是如此。

不久后，她的不幸就开始了。父亲早逝，让她几乎成了飘零的草木。在父亲之后，她所遇见的所有男子，都不曾真心爱她。茫茫尘世，无数人为她驻足，却没有人以爱的名义，真诚地为她取暖。

于是，烟雨红颜，在沧桑里绝望。

只剩聚散浮沉，在岁月深处，苍白地翩跹。

原本，爱如幻梦，该是得之我幸，不得我命。她终究是太执着。

父亲去世后，家中的重担就全落在体弱多病的母亲身上。为了生计，母亲开始到大户人家做佣人。阮玲玉也随着母亲，当了大户人家的小丫头。在那里，原本伶俐活泼的她，变得沉默寡言。

后来，母亲送她进了崇德女子学校。在刻苦读书的时候，她仍

▲ 影星阮玲玉女士（由中国第二历史档案馆提供）

旧保持了沉默。因为母亲的教诲，关于家庭身世，她从不对人说起。所以，在她成名以后，电影界和社会媒体对她的身世也是不甚了了。

但这倾世的红颜，还是在荒凉的年月里，长成了人们熟悉的模样。印象中，她是这样的：瘦削修长的身材，袅娜多姿；细长飞挑的眼睛，不笑时流露出自然天成的忧戚感；她总是穿着旗袍，在魅惑与疏离之间，流露无尽风华。

烟视媚行，是她天然的风姿。

卿何薄命，是她给人的感觉。

乱世的女子，总有几分凄凉的美。只是，没有人如她那般，美丽与悲哀都到了极致。她的生命，无比温柔，却也无比凄惶。若她能多些洒脱，淡看离合聚散，或许就不会走向绝望。可这身如飘萍的女子，到底是对人间爱恋，存了奢望。

16岁，她已出落得亭亭玉立，光彩照人，顾盼迷离的眼眸里，尽是湮灭时光的美丽。故事也便从此开始，由喧嚣到寂静，由绚烂到悲凉。

对于爱情来说，这是适当的年岁。春风满城的时候，她也是绮梦在心。读过的鸳鸯蝴蝶派小说中的那些缠绵悱恻的爱情故事，总在心间萦绕。她盼着，多情的白马王子从远方赶来，掀开她盛放在年华深处的心事。

然后，那个叫做张达民的男子，蓦然间闯入了她的世界。

情不知所起，已是深不见底。两个人从远方默然走来，站定在对方温柔的视线里，沉沉醉去。于是，天地之间，没了喧响。

风度翩翩，洒脱不羁，这是他的外表。几分附庸风雅，几分体贴温柔，就让涉世太浅的阮玲玉动了情。对他，她轻易地交付了痴心与眷恋，却只换得满心凄凉。

金玉其外，败絮其中。她原本应是懂得。但是，初恋的年纪，谁能明白人心难测，谁能看透世事沧桑？刹那的欢喜，便可以生死相许，年轻的时候，所有的缱绻缠绵，都带着点冒险的意味。阮玲玉不曾老去，她在花样年华离开，也就在花样年华永远地活着。聪慧如她，却终究没有将世事看透。

不管怎样，阮玲玉开始了她的初恋。也曾徜徉在秋日小径，也曾流连于月下黄昏。开始的时候，也曾在乱世的光阴里，营造出烂漫的你侬我侬。

但他们，毕竟属于两个世界。张达民是富家少爷，温柔与优雅下面，裹着的是虚荣和贪婪的心，以及游戏人间好吃懒做的性情。他们的地位和身份，以及对人生的认知，决定了他们的故事必将以悲剧收场。

欢情过后，往往是深不见底的凄凉。

烟火人间，他们有不同的方向。只是当时，他们爱得沉醉。就像三毛笔下的少年往事，记得当年年纪小，他爱谈天她爱笑，有一回并肩坐在桃树下，风在树梢鸟在叫，不知怎么睡着了，梦里花落知多少。

最后这句，才是许多故事的结局。

花开时，人海相逢；花落时，天涯诀别。

中间，是眉间心上的往事迷离。

一念半生

流年黯淡，关河萧索。

刹那烟火，照不到远方的天涯。

在人间的路上走了很远，终于发现，世事只如风影。

走着走着，就走入了沉默的荒原；走着走着，就走入了陌生的异乡。山重水复，柳暗花明，走过之后，蓦然间明白，红尘万丈，从来没有归途。

遇见张达民，阮玲玉是欢喜的。如花的年岁，她倾心地爱过。

佛说，与有情人，做快乐事，不问是劫是缘。

情到深处，她已乱了分寸。但那纨绔子弟，注定不是她的归宿。他给了她心花怒放，也给了她黯然伤神。他是她命里的劫数，若干年后，她终于明白，却已太晚。

此时，两个年轻的生命，还在花前月下的情节里。他们痴迷地爱着，不问前因亦不顾后果。仿佛，云烟下的青春往事，也能换得月满西楼。

但是不久后，张达民的母亲知道了他们的恋情，也很快知道她的小儿子想娶阮玲玉为妻。她非常气恼，在她心中，儿子出生高贵，无论如何也不能与那贫寒女子结为夫妇。即使是时光到了20世纪，仍有无数人如她这般，死死地守卫着尊卑贵贱的陈旧规则。后来，她将阮玲玉母女赶出了家门。

阮玲玉和母亲，突然间无家可归。此时的张达民还算有情有义，他赶来安慰她们，还给了她们暂时的栖身之所。只不过，她们所住的那个房子，曾是张达民父亲金屋藏娇的地方。命运轮回，最是神秘。原来，悲剧都是注定的。

尽管，阮玲玉爱得倾心倾意，但那个张家四少爷，却不似她这般爱得真诚。走马观花，游龙戏凤，他最是拿手。他看上的，只是

她美丽的容颜和灿烂的年华。自诩尊贵的他，从未真正瞧得起她。他的所谓爱情，不过是乱世烟幕，风吹即散。

事实上，后来在公众甚至阮玲玉的影迷面前，他曾这样说过，在他心中，她也就是个姨太太，高兴时叫她服侍解闷，如此而已。

深情的阮玲玉，愿意为爱化身尘埃，却只换来假意虚情。

这场爱情，从开始就已结束。

幽幽残梦，逝水无痕。注定，是这样的结局。

当然，最初的时候，他们有过欢乐的时光。张达民依旧保持着相见时的温文尔雅，虽然游手好闲，却也用心照料着阮玲玉母女的生活。

只不过，这个不学无术的纨绔子弟，不久后便渐渐露出了本性，开始了夜夜笙歌、花天酒地的奢靡生活。日子越来越艰难，阮玲玉越来越难过。偶然间，心灰意冷的她，看到了上海明星影片公司导演卜万仓登的寻找《挂名的夫妻》女主角的广告。

虽然陌生，但对于银幕生活，阮玲玉是向往的。这倾城的红颜，注定要在电影里散尽风华，然后回到寻常巷陌，在烟火人间体会悲喜浮沉。她是属于电影的，却又无法远离俗世纷扰。于她，那些明媚里的忧伤，最是显而易见。

张达民的哥哥张慧冲在演艺圈小有名气，他看过阮玲玉的表演，知她有表演的天赋，就极力劝她去应试。面临着生活压力的阮玲玉，终于答应了。

试镜的时候，阮玲玉清新脱俗的气质赢得了导演的喜爱，加上与生俱来的表演天赋，她最终成了《挂名的夫妻》这部默片的女主角。

▲ 影星阮玲玉女士（由中国第二历史档案馆提供）

阮玲玉：卿本佳人，奈何薄命

影片公映后，得到了好评。阮玲玉作为初涉银幕的演员，也因为清丽的容貌和逼真的演技，在电影界崭露头角。

其后，阮玲玉又连续出演了数部电影，在观众中的影响里远远超出了当初的预料。1929年，在北平创办了华北影业公司的罗明佑，特邀请阮玲玉担任由孙喻执导的电影《故都春梦》中一个重要的角色。正是这部影片奠定了她在电影界的地位。1930年，她加入了刚合并成立的联华影业公司，拍摄了孙瑜编导的《野草闲花》。

《故都春梦》中的燕燕，《野草闲花》中的丽莲，一个是毒如蛇蝎的荡妇，一个是聪慧天真的姑娘，阮玲玉都演绎得细腻精确。这两部影片在公映时，都打破了当时国产影片的卖座纪录。

突然倾城，灯火依旧。

繁华背后，最是寂寥。

她可以冠绝群芳，亦可以颠倒众生。

但是最终，她是悲伤的阮玲玉。三分自卑，七分哀怨，始终藏在心中。若非如此，她大概可以如张爱玲那般，活得疏疏落落。纵然没有了爱情，仍可以平静度日，独自清欢。但她做不到，从容与恬淡，只属于电影。真实的人间，她是飘零百合，活得战战兢兢。

再美的华年，也有曲终人散的时候。

到那时，心似空城，人比黄花还要清瘦。

命运，从来没有停止对她的捉弄。在演艺事业取得空前成就的同时，她的个人生活却陷入了前所未有的困境。为爱，她可以不要名分，但是游手好闲的丈夫，却给了她更多的悲伤。

张达民早已不是当时那个深情款款的男子，作为富家公子，他身上的劣根性早已暴露无遗。吃喝嫖赌，花天酒地，他喜欢的是这样的生活。

至于爱情，只是他路过的风月故事。

毕竟，阮玲玉曾为他动心，她对他好言相劝，得到的却是恶语伤人，甚至拳打脚踢。渐渐的，阮玲玉对张达民不抱任何幻想了。她把所有的心事，都交给沉默不语的电影，那是她梦里的栖息地。但是，梦外的人间，她仍然避不开那张扭曲的脸。

那无耻的男子，渐渐成了阮玲玉生活中的蛀虫。那次，她自北平拍《故都春梦》外景回到上海，张达民正在肆无忌惮地吃喝玩乐，将她辛苦积攒的钱挥霍得精光。不仅如此，他还骗走了她身上的三百块钱，还了赌债。没过几天，他耐不住赌瘾又下了赌场，借下了高利贷，又输得两手空空，只能再次开口向阮玲玉要钱。他的索取无度，让阮玲玉伤透了心。

终于，忍无可忍的阮玲玉决定结束，了断这场面目全非的爱情。

她提出了分手，他却依旧纠缠。不得已的情况下，阮玲玉只得诉诸法律。最终，她总算是扯断了这段孽缘。但他，并未因此而远离她的世界。他的无赖行径，从未改变分毫。她的噩梦，从未醒转。

原来，人生初见，竟是劫数。她到底是看透了。

刹那领悟，事事皆空。梧桐夜雨，不诉离殇。

一念，已是半生。

彼岸烟火

尘缘，只是宣纸上的水墨江南，再风雅别致也总有人不懂收藏。很多时候，相聚别离，不过刹那。你有你的痴情泪，我有我的相思雨。却又，各自远去，只剩悲伤往事，任岁月和路人调侃。

阮玲玉的悲剧在于，她倾心地爱着，而被她深爱着的那些男子，却只把她当做偶尔瞥见的烟雨秋波，从未真心待她。陌陌红尘，她

阮玲玉：卿本佳人，奈何薄命

希望有个男子，知她冷暖，明她悲喜，给她乱世里的休憩之所。但她终究是失望了，她注定只能在男人之间漂泊，落得满心尘埃。

离开了张达民，但她的悲剧远没有结束。在新的爱情开始之时，她仍是无比欢喜，却仍不能落地开花。她冷冷地坐在爱情的彼岸，看对面的灯火，换了姿势，却换不了风景。

这次，她遇见的男子叫唐季珊。在她失意伤心的时候，他给了她片刻的温存，于是她便爱得不管不顾。到底，她是痴情女子，愿意为爱赴汤蹈火。可惜，乱世之中，人心驳杂，她越是痴情，就越容易伤怀。

唐季珊是著名富商，他是做茶叶生意的。因为他阔绰，电影公司都拉他入股。当时，他是阮玲玉所在联华公司的大股东。于是，他们就在某个聚会上相识了。最初见面的时候，只是场面上的应酬，不过寥寥数语的交集。阮玲玉对唐季珊并没有特别的印象，而他却把她放在了心上。

婉约精致，巧笑嫣然，是她；

身姿窈窕，翩若惊鸿，是她。

到底，她是倾城的红颜。恐怕，遇见过她的男子，都会忍不住动心。而唐季珊，本性风流，常常流连于花红柳绿之间，在他身上，有太多的风月故事。遇见神姿仙态的阮玲玉，他自是无比欣喜。

唐季珊知道阮玲玉喜欢跳舞，就不断邀请她去最豪华的场合，于灯火明灭的舞池，摇曳最初的热情。渐渐的，他们熟悉了。在阮玲玉面前，他演绎了极致的风度翩翩，也做到了十足的温柔多情。终于，阮玲玉心动了。那种惺惺相惜的错觉，让她意乱情迷。

芳心，就这样被赢走。她已悄然跌落，在那人温柔的陷阱里。唐季珊事业有成，又非常懂得女人，调笑暧昧，温柔缱绻，他无所不能。可以说，他是许多女人的毒药。阮玲玉很不幸，也服下了这剂药，走入了那场所谓的爱情。

仍是劫数，她仍旧沉迷。

无法放下执念，也就不能云淡风轻。

爱情虽美，但是为那游遍芳丛见惯风月的男子搭上似水年华，实在不值得。

但是，开始的时候，有几人能将爱情的真相看透？阮玲玉，迷失了。

唐季珊在上海的新闸路买了一栋三层小洋楼，他们住了进去。房子很漂亮，阮玲玉在这里感受到了前所未有的幸福。她天真地以为，这男子可以给她乱世的安稳，直到最后。没想到，这座房子盛放了她的往事，也盛放了她的荒凉与绝望。后来，她就是在这栋小洋楼里自杀的。

原来，这场爱情，本就是坟茔。是她太执迷。

唐季珊在广东老家是有妻室的，而且妻子的娘家也是豪门。唐季珊之所以能成为富商，全靠那边相助。所以，无论如何，他都不敢与妻子离婚。但他又天性花心，便只能在外面寻花问柳。

在阮玲玉之前，他的身边是中国默片历史上的著名女星张织云。大概也是相似的手段，他以温文尔雅的外表，以及豪爽多情的姿态，加上丰厚殷实的家底，让她沉落在他的陷阱里。对付女人，他很有办法。只是，厌倦之后，弃之如敝屣，也是不在话下。

在阮玲玉与唐季珊出双入对的时候，张织云曾写信给阮玲玉，给了她忠告，她说，唐季珊不值得倾心去爱，更不值得托付终身，他所有的风雅多情，不过是在演戏；她说，唐季珊是风月场所的老手，最擅长玩弄女性的感情，她跟了他两年，只是他闲暇时的玩物；她说，她为唐季珊付出了自己的黄金时代，到头来终究断送了自己。

当然，张织云还说，不久之后，那风流的男子，定会找到别的年轻女子，到那时，阮玲玉也将如此时的她，成为被人遗忘的明日黄花。她希望，阮玲玉珍惜自己，莫要步她的后尘。

沉迷于爱情的阮玲玉，并未仔细琢磨张织云的忠告。

爱情于她，是清风明月，是柳暗花明。

她愿意在爱情里付出所有，甚至年华，甚至生命。

但她不该付出尊严。爱是夜空烟火，转瞬便能消逝。为爱低到尘埃，可说是痴情，却也是迷惘。真正的爱情，是两心相欢，是彼此安好，不需要谁为爱卑微。

张爱玲，曾经也为爱低至尘埃，又在尘埃里开出欢喜。但是后来，她终于明白，世间的许多爱情，无论开始多美，总会落得千疮百孔。她看透了那男子的本性，于是决绝地离他而去，留了几分尊严，给自己。

阮玲玉爱上唐季珊，显然不是冲着他的钱去的。她是当时电影界的风云人物，有足够的钱来养活自己。纵然是没有男人护佑，独自面对世事风雨，她本来也可以恬淡自处。但她，不是张爱玲，终究不曾独自立于人间。

后来，张织云的话成了事实。唐季珊又结了新欢。这次，他的相好叫梁赛珍，是当时上海滩的舞女，身姿曼妙，笑靥如花，他爱不释手。欢场岁月，游龙戏凤，这些情节他稔熟于心，并且不厌其烦。每次遇见都如临春风，每次离弃都轻描淡写。总是这样，旧爱不曾远去，新欢已在怀中。他从不装模作样地说抱歉，仿佛就该如此。

阮玲玉终于明白了，她不过是那薄情男子路过的风景。他永远都不可能为哪个女子真心停留，更不愿与之携手到老。所有的花前月下，所有的私语缠绵，不过是游戏。而她，却当真了，甚至想要生死相依。

她爱得倾心，他却转身而去。

泪水流干的时候，她依旧没有学会自我解脱。

她竟选择了忍让，等待着浪子回头。多可悲！

唐季珊的变心，让阮玲玉无比伤心。他应该知道，却并不在意。动心的时候，她是烟火；厌弃的时候，她是尘埃。这个男子到底是无情的，即便在她奄奄一息的时候，他还在考虑是否要救她，是否会遭受口诛笔伐，会不会从此名誉扫地。那时候，他想的是自己的声誉，而不是她的生命。

而她，在生命的最后，还在执着地问他是否爱她。

痴情如她，无情如他，故事注定惨淡收场。

午夜梦回的时候，她总是觉得，自己身处无尽深渊，没有了纵身跃起的力气。

这美丽痴情的红颜，渐渐地，爱上了彼岸的烟火。

那样美丽，那样绝望。

卿何薄命

山高水远，聚散匆匆。这便是人生。

多少人，从最深的红尘，脱去华丽锦衣，只为匆匆地赶赴一场石桥的际遇，只为在老旧的木楼上，看一场消逝的雁南飞。相遇再美，结局也总是独自的地老天荒。

最初，人们说，待到花开，我去寻你；

最后，人们说，你是我路过的天涯。

是那些男子，将她推入了无尽荒野。他们，都是她的天涯。

阮玲玉，这痴情的的女子，终究难逃遇人不淑的命运。张达民的堕落无赖，唐季珊的无情残忍，让她整颗心支离破碎。她只想要纯净的爱情和简单的幸福，却不曾得到。这倾世的红颜，注定要在无情的尘世散去所有的热情，然后绝望地归去。

因为有了新欢，唐季珊待她大不如前。据阮玲玉的司机说，唐阮两人经常争吵，有时候唐季珊甚至会对阮玲玉拳打脚踢。他曾经给她的那些温柔，不过是想在她灿烂的年华里，留下他的踪影。他要的，只是她的美丽。至于爱，他不会给她。他遇见许多女子，大都艳如桃花，但他只是刹那流连。风月，果然无情。

半窗昏晓，满心凄凉。爱情，又是这样的结局。

伤心之余，阮玲玉遇见了蔡楚生。但他，同样没有给她现世的安稳。

蔡楚生在拍《南国之春》和《粉红色的梦》时，就曾向阮玲玉发出邀请，但是当时，出于对自己事业发展的考虑，阮玲玉两次都婉拒了。不久之后，蔡楚生导演的《都会的早晨》和《渔光曲》获得了巨大的成功，阮玲玉才开始对他刮目相看。于是，她终于答应，出任蔡楚生导演的《新女性》中的女主角。

《新女性》是以女演员艾霞自杀经历为原型，抨击了当时社会的黑暗丑陋和小报记者对演员的造谣中伤。只是没想到，这部影片会让阮玲玉走上绝路。

在影片的拍摄过程中，两个人惺惺相惜，情愫悄然而生。蔡楚生和阮玲玉是同乡，他曾是商店学徒，后来在电影厂做杂工，完全是通过自学，成为了著名导演。这与当时那些留洋回来，科班出身的导演很不同。所以，他始终有几分自卑。而阮玲玉，因为母亲曾是佣人，也是自卑在心。这样的相似背景，使得阮玲玉和蔡楚生特别亲近。

最后一场戏，艾霞自杀，她吃了药，躺在床上，突然觉得不该就此死去，她觉得她若死了，所有的罪恶也便随之消失，于是又有了求生的欲望。临死之前，她还在向医生求救。

许是入戏太深，拍完最后的镜头，阮玲玉失魂落魄，仿佛死去的那个人，真的是她。蔡楚生让所有人都退场，独自在床边陪着阮玲玉。情绪平复以后，阮玲玉对他说，她希望能活得勇敢，摆脱命运的束缚。但她，终究没有做到。

不曾放下，也就没有海阔天空。

不知何时，戏里戏外，已经没了界限。

红尘世事，终于与她渐行渐远。

▲ 阮玲玉（中）与陈少英（左）蔡真真（右）（由中国第二历史档案馆提供）

那夜，夜凉如水，他们长久倾谈。当时，阮玲玉正处于被张达民诬陷敲诈，唐季珊变心另结新欢的彷徨境地。她向他说了自己的不幸和悲哀，他给了她片刻的温暖。夜月呢喃，私语缠绵。

然而，月下的温柔，毕竟太虚幻。

尘缘太浅，人情太薄，他们注定不能月圆花好。

1935年初，因拍摄《新女性》而使自己的事业如日中天的阮玲玉，却也因剧本内容惹恼了当时的黑恶势力和小报记者。此后，他们对她的攻击从未停歇。在最后那段岁月里，阮玲玉始终活在流言蜚语中。

最可悲的是，那个龌龊男人也粉墨登场了。张达民这个人，既有公子哥的放荡不羁，也有小市民的锱铢必较，还有上海那种拆白党的无赖习性，这三种东西，组成了这个男人的丑恶嘴脸。于他，没有底线可言。

张达民编造了许多阮玲玉的情色故事，与那些小报记者大肆宣扬，为的是敲诈阮玲玉的钱。被阮玲玉拒绝后，他便诬告她和唐季珊伤风败俗，通奸卷逃。阮玲玉收到了法院传票，已经另结新欢的唐季珊很不高兴，不但没有安慰，反而冷冷地责怪她。而且，他还让她在报纸上发公告，证明他的清白。

外界的舆论，不断对她造谣中伤；她深爱过的男人，不给他丝毫的温情。处在风口浪尖的阮玲玉，早已心力交瘁。苍茫人间，她已没了方向。此时，蔡楚生是她唯一可抓的稻草。然而，他却用沉默拒绝了她。

云下欢喜，月满西楼，都是假的。

只有漫长的黑夜，是真的。红尘过往，沉默不语。

绝望的时候，反而很平静。1935年3月7日傍晚，阮玲玉参加了联华公司员工在黎民伟和林楚楚家中的聚会。身着旗袍的她，明媚如初，风姿绰约，说不尽的风情万种。她始终谈笑风生，频频向众人敬酒，尽情地说着一醉方休。

阮玲玉向来不媚不欺，没有什么明星架子，所以人缘很好。那天，她在众人之前穿梭，悠然从容，仿佛不曾经历悲欢。席间，她嫣然

地笑着，和导演史东山说以后可以合作。散席之后，她吻别了林楚楚的两个孩子。

无人能想到，次日凌晨，她会决绝地远离红尘。

正如阮玲玉最喜爱的现代舞蹈大师邓肯所说的，真正的悲哀，是没有任何动作，亦没有任何表情的。那日，阮玲玉的不动声色，正是在承受了巨大悲伤后的心如止水。

从《挂名的夫妻》开始，阮玲玉共演过29部电影，塑造了社会各阶层的妇女形象。只是，这些人物大都没有逃过悲惨的结局。或许，这是她的宿命。

仔细想想，与那些流言相比，人性的冰冷，更让她难以承受。毕竟，她只是柔弱女子，纵然风华绝代，也不过浮萍一叶。

假如，她能放下俗世爱恋，独立于人海，淡看世间风雨，或许就不是那样的结局。但是很可惜，她是阮玲玉，自身的局限造就了她凄凉的结局。当外界强加给她苦难和绝望的时候，她用自己行动完成了这出悲剧。

那个凌晨，她吞下三瓶安眠药，结束了自己的生命。

这风中的蜡烛，终于熄灭了。如水红颜，刹那消逝。

卿本佳人，奈何薄命。年华与岁月，憔悴无言。

阮玲玉自杀引起了社会上很大的震动，有不少喜爱她的观众毅然追随其香魂而逝。上海戏剧电影研究所的项福珍女士，听闻噩耗，随即吞服了鸦片自杀；绍兴影迷夏陈氏当天吞服毒药自杀；杭州联华影院女招待员张美英也因痛悼阮玲玉服毒自尽。单是阮玲玉离开的那日，上海就有5名少女自尽，其他地方的影迷也有多位。

她们说，阮玲玉死了，活着还有什么意思。

1935年3月14日，她的灵柩从万国殡仪馆移往闸北的联义山庄墓地。阮玲玉生前的好友差不多都到齐了，将近300人。这天送葬的队伍排成长龙，灵车所经之处，沿途夹道挚爱者多达30万人。

人们，都记得她的风华。

这是生命的余声。她已将故事埋进了岁月。

她回到了戏里，了断了尘缘，在月光下。

生不带来，死不带去。她走得清白。

一川烟雨，一帘梦。

一壶岁月，一场空。

阮玲玉：卿本佳人，奈何薄命

陆小曼：一生半累，人归何处

别样人生

世界太大，生命太小。

时光太长，人生太短。

这世上，无论是谁，都只如尘埃，悄然而来，寂然而去。我们还不曾将窗前的清风明月看个究竟，就已走上了归途。

终于明白，人生不过是烟火人间的匆匆来去。

陌上红尘，如歌岁月，经过我们，亦被我们经过。

不惊风，不惊雨，我们只是，步履匆忙的行客。开始和结束，我们都形单影只。

民国，烽火连城的岁月里，有人苦心孤诣，有人战战兢兢。却也有人纯粹地活着，任性而洒脱。

岁月的纸页早已泛黄，但那傲然的红颜仍旧立在那里，守卫着烽火中的那抹殷红。她是陆小曼，于这人间，不争不辩，不怨不悔。她只是飘然地活着，几分纯真，几分恣肆，几分孤独，几分炽烈。

娇艳明媚，她是岁月深处难得的风景。外面的世界风雨未央，她就在她的世界里，飘然如风。偶尔弹琴作画，偶尔平平仄仄，仿佛人间从无缺憾。

然后，她走到了人群中间，衣袂翩翩。京华的烟云里，于是有了那样的身影，舞步飞扬。自然地，飞扬的，还有她灿烂的年华。恣肆与骄傲，自由与热烈，都在那样的舞步里，整个世界为之迷幻。

她是泠泠红颜，却不得不经受人们的口诛笔伐，只因她活得恣肆。其实，她是性情单纯的女子，只愿简单地活着，不理会世人青眼白眼。她是乱世的红颜，抛却了陈旧的世俗规则，活在自己的世界。无论人们如何评说，她仍旧是那样，任性地绽放着。

于是，从北京到上海，人们看到的陆小曼，都是那个模样，在迷离的灯火下，以娇艳的身影，冲淡着世事烟云。

不愿雕琢人生，不愿解读岁月。她是任性的红颜。

聚散离合，疏离散淡。仿佛，所有的前尘往事，都与她无关。

但其实，她仍在世间，面对着浮沉悲欢。

曾经，她刻骨铭心地爱过。为此，她在别人冰冷的眼神里度过了许多年。但她从不后悔，走过人间，她只在乎，内心是否无恙。

爱，便爱得天昏地暗；活，便活得云淡风轻。于是，她踩着世人的冷嘲热讽，走入了那场爱情。在诗人的世界里，她是小楼明月，亦是流水断桥。但终究，她是她自己的风景。她是无拘无束的陆小曼。

上海滩，那些挥霍无度的日子，她将任性演绎到了极致。但也因此，那场美丽的爱情渐渐失去了旧日颜色。终于，那心痛的诗人叹着气，飘出了人海，留给她满世界的荒凉。

但她的确真心地爱过。那场离别，让她在悲伤里自省。后来的

陆小曼：一生半累，人归何处

岁月，她洗尽铅华，寂静地度日，手中握着的，仍是画山画水的笔，以及吟风吟月的词句。

岁月怔忪，往事冰凉。

她走过的，是别样的人生。多年之后，再说对错，已没有意义。

毕竟，这世间，没有几个人，能如她那般，恣肆地活着。

窗前明月，仍在那里，说着三长两短。

你若盛开

她是美的，开在混乱的尘世，从不凋谢。

转身离去，留下故事如风，任世人说长道短。她无心理会，她在她的世界。

她是陆小曼。曾经，颠倒众生；曾经，离经叛道。她是尘世凄风冷雨中摇曳的玫瑰，美丽而自由。她有她的性情，爱恨情仇，不向谁人解释。

人间风月，世事沧桑，都在她手边，散漫成烟云，无边无际。她是乱世红颜，清醒地活在人间，却又仿佛总是迷惘。

陆小曼出生于上海，十里洋场的迷离灯火，注定与她有缘。她是千金小姐，因为体弱多病，从小受尽宠溺，造就了她的任性和我行我素。若非如此，她也就不是印象中的陆小曼，她的人生也就不会是那般色彩。

父亲陆定，不仅是晚清举人，还是日本早稻田大学的高材生，是日本名相伊藤博文的得意弟子，与曹汝霖、袁观澜、穆湘瑶等民国名流是同班同学。在日本留学时，他参加了孙中山的同盟会，回国后又加入国民党，是北洋政府和南京政府中的活跃分子。

母亲吴曼华是名门闺秀，出生于官宦世家，多才多艺，既善工笔画，又有深厚的古文基础。所以，陆小曼从小就被熏陶得琴棋书画样样精通。

后来，她被送入了贵族学校，被培养成了名媛中的名媛。

再后来，她成了风景中的风景。于是，整个人生不再沉默。

终究，人生如戏。所有的角色总要有人扮演，所有的故事总要有人经历，这世界才能够异彩纷呈。陆小曼，在人海里盛放，在人海里遁出，也只是在苍茫的人间，演绎了曲折的戏码，然后回归自我，如此而已。

她有很好的悟性，亦有很好的天分。注定，她将成为众人瞩目的风景。从北京圣心堂走出来的陆小曼，英文、法文十分流利，让许多人侧目。同时，她会钢琴，擅长绘画，还能写漂亮的蝇头小楷。

烟火人间，她已绚烂。

时光那头，世事如风。

因为精通英法文，她被选为翻译，参加外交部接待外国使节的工作。三年的翻译生涯，让她真正走上了名媛之路。从此，她不再

安于平淡，喜欢上了社交场被人追捧簇拥的感觉。或者说，她喜欢上了恣肆飞扬。

她的出现，惊艳了整个上流社会。众星捧月，最让她沉醉。

你若盛开，清风自来。她很清楚。

只不过，那样的年华，她等来的是那个沉默的男子。他叫王赓。

无论是劫是缘，他们还是相遇了。开始的时候，她见他风度翩翩，他见她美人如玉。他们，也曾因为这样的相遇而欢喜过。但是，他们注定各自天涯。只因，他们属于两个世界。

王赓早年毕业于清华大学，后来在美国普林斯顿大学读哲学，又转入西点军校专攻军事，与美国名将艾森豪威尔是同学。1918年回国后，曾以中国代表团武官身份随陆徵祥参加巴黎和会，后任交通部护路军副司令并晋升少将。

不久之后，陆小曼与王赓成婚了。对陆小曼的父母来说，王赓前途无量，他们始终认为，他是陆小曼极好的归宿。陆小曼虽然是被安排，却也没有反对，她曾有过几分惊喜和憧憬。但是很快，她就发现了那段婚姻的苦涩。

王赓虽然学贯中西，但毕竟是军人，他不懂陆小曼的柔情，更不懂这个娇艳女子的心思。其实，他们本就隔着万水千山。

她有她的春花秋月，他有他的海阔天空。

如花美眷，似水流年。这样的情节，不属于他们。

柴米油盐，相夫教子，对于陆小曼来说，这样的生活实在太无味。她接受了现代的西式教育，受到西风的长久熏染，又置身社交场数年，习惯了被追捧的感觉，当然无法接受被局限在厅堂厨房的生活。

▲陆小曼（由中国第二历史档案馆提供）

　　终究，她懂得快乐与飞扬，亦喜欢不羁与放纵。天性喜好自由，加之后天熏陶，她讨厌笼中鸟那样的拘束生活。就算衣食无忧，她仍不会快乐。

　　人们说，精神上的门当户对，是美好婚姻的基础。在那场婚姻里，只需几日，陆小曼就会无比厌倦。她说，没有人明了她的苦楚。

的确如此，在她父母看来，夫荣子贵是莫大幸福，而她要的，却是真正的爱情，是花前月下，是诗意流转。

王赓少年得志，每天忙于公务，早出晚归，很少有时间陪伴陆小曼。他是西点军校毕业的高材生，在美国生活多年，一切都按西式的工作方式行事。什么时间工作，什么时间娱乐，泾渭分明，对自己要求极严，行为刻板到苦行僧的地步。

张爱玲说，因为懂得，所以慈悲。

王赓不懂陆小曼的悲喜，所以他注定无法走入她的世界。这场婚姻，曾经被无数人艳羡，婚姻中的两个人，也曾被人称为郎才女貌。但是这些都没有意义，陆小曼的痛苦，无处言说。

如鱼饮水，冷暖自知。她渴望爱情，渴望被呵护，当然，她也渴望陶醉。可是婚后的日子，她却被扔在家中，独自看着日升月落。她是任性的陆小曼，定会在某年某月，与这样的日子道别。

事实上，即使是徐志摩，也不能让这恣肆的女子，真正尘埃落定。

她始终飞扬在自己的世界，所有的尘世规则她都熟视无睹。

她说，从前多少女子，为了怕人骂，怕人背后批评，甘愿牺牲自己的快乐与身体，怨死闺中，要不然就是终身得了不死不活的病，呻吟到死。她觉得她们太可怜，至死不明白是什么害了她们。

她很清楚自己想要的是什么，并且敢于为此冒天下之大不韪。所以，后来她选择了离婚，在众人惊愕的目光里，走向那个让她无比欢喜的诗人。尽管身在民国，但是没有几个女子能有这样的勇气。

但在认识徐志摩之前，陆小曼只是消极反抗。她总是与那些小姐、太太们出去吃饭、喝酒、打牌、捧戏子、跳舞、唱戏，很晚才回家，晚睡晚起，整天萎靡不振，对什么都漠不关心。王赓对此颇有微词，于是他们渐渐起了争执，有时候陆小曼会大发脾气。任性的小曼说到气愤处就会恶语相讥，为了出气专捡难听的话说，时间久了矛盾越来越深。

她不愿如此，却也无可奈何。

那些百无聊赖的日子，她仿佛独自行走于荒野。

王赓忙于事务，无法明了闺中女子的苦涩与凄凉。

世间女子，大都希望，有个人能知她冷暖，给她简单的幸福。陆小曼，年轻的时候，虽然深爱那诗人，终究还是太任性。徐志摩离开以后，她终于明白，平淡简单才是生活至美，却已太晚。

而此时，她仍然在北京城里，苦恨经年，强颜欢笑。

她需要轰轰烈烈的爱情。只有那样，她才算真正绽放。

她要的，是知己，是两心相知。

那人已从远方赶来，赴这场三生之约。

仿佛，天意。

为爱而生

尘缘，了无痕迹。

千里相会，却又人各天涯；生死相许，却又独自悲伤。不过是，

缘聚缘散。

我们永远都不知道，尘缘的那条线，最终牵着的，是悲伤还是欢喜，瞬间还是永远。

或许，世间除了杳渺的沧海桑田，本就没有永远。无涯时光，总是长过我们的想象，有些悲伤比永远还远。

陆小曼与王赓，也算是结了尘缘。可惜，那场莫名的婚姻带给陆小曼的，却是无尽的孤独与荒凉。她过着无忧的日子，却仿佛置身荒野，看不见几点星火。

到底，她是多情而炽烈的女子，不应只做笼中之鸟，受那拘束之苦。她要的是，灯火摇曳，舞步飞扬。她要的是唯美的爱情，她可以住在里面，听风看月，弹琴写诗。显然，王赓给不了她这些。

于是，徐志摩悄然赶来，成全了她对于爱情的全部想象。

他是她的春暖花开，她是他的烟雨迷离。

那年，徐志摩这个为爱痴狂的诗人，从英国匆匆赶回中国，却看到林徽因身边已有梁思成伴着。他陷入了无边的悲伤，整个世界仿佛只剩下幽幽暗暗。他追寻的是浪漫与唯美，他要的是明了他悲喜的灵魂伴侣。

得之我幸，不得我命。他这样说。看起来洒脱，却分明有几分无奈。

他是唯美主义的，在惨淡疏离的人间，终究会走向荒凉。

但是那个冬天，他遇见了陆小曼。

野径云俱黑，江船火独明。那情境，大概如此。

无需过问谁走向谁。总之，那个冬天，他们相逢，于苍茫的尘世，于喧嚣的人海。

或许，她是他苍白人间的一抹艳红，他是她寂寞流年的一叶扁舟。

她人面如花，他诗意翩跹。相逢如歌，尘缘如梦。

不得不说，陆小曼是风姿绰约、才情俱佳的女子。若非如此，以徐志摩唯美主义的天性，不会突然之间如遇春风。当然，浪漫而优雅的徐志摩，只是刹那的眼神纠缠，就给了陆小曼满世界的春花绚烂。

这柔艳女子，只因遇到了徐志摩，灵魂的世界突然间变得开阔和芬芳。本已荒芜的心田，又重见了流水潺潺、春草依依。她相信，徐志摩能明了她所有的烦闷和孤独。在他面前，她可以不再强颜欢笑，可以如盛夏之花，自由地绽放。

徐志摩与王赓是早已相识的。当时心境悒郁的徐志摩经常去拜访王赓，于是就有了那样的相逢。后来，不喜游乐的王赓便请徐志摩陪同陆小曼。爱情就在那个冬天，悄然发生了。

几乎是同时，徐志摩与陆小曼，打开了各自的心扉，让对方住了进去。他们悄然相恋了。

尽管是有夫之妇，陆小曼还是选择了爱情。她无法割舍那美丽的尘缘。

为爱而生，徐志摩如此，陆小曼亦如此。有了那样华丽的相逢，却无法拥着那样的爱情，怕是比死亡还难以承受。

恐怕，我们不能用寻常的伦理纲常来判定她的对错。她只是寻常女子，想要纯粹的爱情而已。任性如她，若不如此，便是失了自我。

但是不久后，他们的秘密还是被人发现了。毕竟，世俗的礼法规则仍然冰冷地摆在那里。这场爱情纵然再唯美，也有无数人横眉

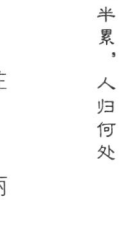

冷对。王赓把陆小曼交给了她的父母，她被看管了起来，不得离开家门半步。在很长的时间里，她和徐志摩只能写信表明心迹。

流言蜚语不断，徐志摩无比愤懑，内心承受着巨大的痛苦。终于，1925年的春天，他决定暂时离开人群，去向远方。或许，他和陆小曼都需要对他们的爱情进行理性的思考，但是对徐志摩来说，爱就是爱，别的都可以视如浮云。

对于陆小曼，这次离别实在太凄凉。那是1925年3月10日，她站在车站的人群里，看着车上即将远行的徐志摩，竟然没有勇气上前告别，只是默然看着他的身影，消失在她的视线。

默默无语，凄凄惨惨。

她无法确定，待他归来后，是否可以，守的云开。

徐志摩远赴欧洲的那段时间，是陆小曼最无助最痛苦的时候。王赓从哈尔滨回到了北京，让她慌乱不已；而身边所有人都似乎用冷冷的眼神打量着她，当然，那些苦口婆心的劝导，也让她心烦意乱。甚至连平素那些白云流水，也变得面目可憎。

在她心力交瘁的时候，7月底，徐志摩终于回到她身边。似乎气若游丝的陆小曼，突然之间又变得妩媚动人了。最后，王赓终于选择了放手，与陆小曼离婚了。也许他早已明白，自己给不了陆小曼想要的幸福，而徐志摩可以。

真正的爱情，不是拥有，而是成全。

洒脱地离开，给对方天空海阔，给自己云淡风轻。如此才算不负相逢。

当然，即使是王赓与陆小曼已经离婚，陆徐二人也仍旧面临着人们的冷眼。他们只是两个为爱而生的生命,可是在人们眼中,他们是规则的破坏者,曾经完好的道德体系被他们撕扯得七零八碎。于是,人们把惊异甚至恶毒的眼光投向他们。而此时的他们对这些已然看淡,彼此身心已经自由,旁人如何看待,又何足道!

尽管,徐志摩的父母很不认同,但最终,他们还是答应让徐志摩与陆小曼成婚。

1926年10月3日,北海公园,徐志摩与陆小曼举行婚礼。至少,在那日,他们认为,这是生死相依的开始。

他们都曾经在同样的场合以主角身份出现过,但那时他们是被命运安排,茫然地走到里面。而现在,他们各自剪断了那条线,从茫然的婚姻走出,走到了真正的爱情里。所以,他们无比幸福,不管世人如何评说。

那日,最让人难忘的,恐怕是梁启超的证婚词:"徐志摩、陆小曼,你们听着!你们都是离过婚,又重新结婚的,都是过来人!这全是由于用情不专,以后要痛自悔悟,……希望你们不要再一次成为过来人。我作为你徐志摩的先生——假如你还认我为先生的话——又作为今天这场婚礼的证婚人,我送你们一句话,祝你们这次是最后一次结婚!"

似乎,隔着很远的时空,仍能听到这振聋发聩的声音。无疑,这几乎是当时所有人的心里话。尽管人们看着光鲜亮丽的新人,无比羡慕,心里那份鄙夷却从未消逝。

不管怎样,难堪也好,无奈也好,婚礼结束了。徐志摩与陆小曼,终于走入了属于他们的爱的城堡。外面再多风雨都无所谓,有爱就好。

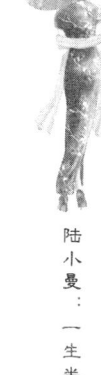

他们愿意，携手而去，过山，过水，过滚滚红尘。

谁让我们停止漂泊，谁让我们尘埃落定。许多年后，我们都记得。世事充满变数，人间悲喜交替。

至少，那年那月，他们是彼此的归宿。

尘埃落定，时光悠然。

往事迷离

生命本如草木，人间处处秋凉。

谁能将月光装入行囊，谁能将秋水系在身边？

选择铁马西风，就难免要失去杏花春雨；选择大漠孤烟，就难免要失去小楼明月。生活原是迷惘的路，纵有星火几点，也照不亮所有的夜晚。

在幽静的地方，与深爱着的女子，拥着青山绿水、清风明月，只以诗画为伴。忘记尘世忧烦，将整个身体性灵投放在那里，牵手从日出走到日落，从月上柳梢走到时鸣春涧。或许只是茅屋一间，清泉一道，流云几许；或者，携手去向湖山，乘扁舟行于湖水，将心中所有的净澄与安宁，流放在水云之间；又或者，双双去向草原，看天苍苍，野茫茫，风吹草低。

想必，徐志摩曾有过这样的梦想。婚后的徐志摩，定希望陆小曼能够完满他那样的梦想。或许陆小曼也曾有过这样的幻想，陪着徐志摩过闲适的生活，不理人间是非，不羡红尘繁华。

可她无法确定，自己能在这样的生活中坚持多久。毕竟，她是任性和恣肆的，对于她，喧嚷的繁华，终究是魅惑的。飞扬与平淡，她到底是更中意前者。

1926年10月，陆小曼随徐志摩离开北京南下，到了徐志摩的故乡浙江省海宁市硖石镇。

在那个安详的小镇，他们过了一段平静的生活。徐志摩写诗，陆小曼作画，有时候畅谈文字，有时候各自沉思。似乎，那竟是一番赌书泼茶或者红袖添香的光景。闲暇的时候，他们携手走在硖石静谧的秋天，听清流潺潺，看白云悠悠。

不久后，北伐军进军浙江，硖石的局势陷入动荡。徐志摩与陆小曼的诗意生活画上了句号，他们离开硖石逃到上海。离开硖石的时候，徐志摩绝没有想到，上海会将他的诗情画意彻底湮灭。

十里洋场，花灯如昼。

车水马龙，歌舞升平。

上海，酒不醉人人自醉。

陆小曼，这个妩媚的女子，在尚未结婚的时候，就已经是身陷繁华，被人追捧的交际花。上海滩的歌舞升平，无疑让她如鱼得水。尽管她也曾在硖石那段娴雅的时光里感到过生命的静致，但毕竟，她更喜欢的还是灯火里飞舞的感觉。那座霓虹旖旎的城市，有她想要的所有艳丽和熏醉。

▲陆小曼（由中国第二历史档案馆提供）

如果说徐志摩需要的是风清月朗，那么陆小曼需要的则是醉意翩跹。

走入上海滩，徐志摩如跌入深渊，而陆小曼如飞向云端。尽管相遇的时候他们让彼此无限惊喜，仿佛是在迷茫的天涯遇到渔火江枫,可此时,在大上海的魅惑气息里,他们显现了完全不同的生命气质。

徐志摩希望陆小曼能明白他的心事,在他身边,看书作画,偶尔弹琴,偶尔写诗。但这些都只是幻想,沾上夜上海的灯光,陆小曼那颗心早已忍不住欢畅了起来。她忙不迭地穿上华服,走入了迷离夜晚。很快,她就成为了夜上海的焦点。人们喜欢看她翩然如风的身影,而她喜欢在人群中旋转的感觉。

到上海以后,陆小曼不仅要住豪华的房子,穿昂贵的衣服,而且有专职的丫鬟、司机等,还经常开办派对、包订剧院等娱乐场所的坐席。甚至连一百八十号赌场她也光顾。当然,她还喜欢捧戏子,遇到中意的戏子,不惜一掷千金。总之,衣食住行都极其讲究。

徐志摩深爱着陆小曼,为了满足她的虚荣,他不得不四处奔波,后来甚至同时在光华大学、东吴大学、大夏大学三所学校讲课,课余还赶写诗文,以赚取稿费。即使如此,所得收入仍不够陆小曼挥霍。

倾世的红颜,繁华的街市。

迷醉的灯火,惨淡的人生。

这些内容,很不和谐地包裹着徐志摩。他疲惫不堪,甚至感到了绝望。

烟火的人间,我们总是走着走着就走入了荒凉。行路的人,无法预知前程,只好且行且寻觅。窗前花月或许早已远离,而我们,仍站在原地,默然地叹息着,回味从前。

小楼昨夜东风吹出的那些往事,历历在目。

那时候,花事未了,人在月明中。

上海滩的繁华深处，陆小曼沉醉，徐志摩迷惘。那个憔悴的诗人，甚至听到了性灵凋残的声音。为了爱情，他苦苦地支撑着，可是他真的希望陆小曼能够有所改变。但是陆小曼，这摇曳多姿的女子，仍旧昼夜颠倒，跳舞、听戏、打牌，挥金如土。这是她迷恋的生活。

她有她的任性，他有他的悲伤。

初见时的美好，没过几年就成了这般光景！

不是陆小曼善变，她只是选择了自由绽放而已。当她终于明白，爱情之中该有收敛与退让，已是为时太晚。那时候，他们已是天上人间。

混乱的生活使陆小曼的身体越来越虚弱，有时候听戏久了就会晕厥。这时候一个人便走入了她的世界，他叫翁瑞午，江苏常熟人。他擅长推拿，常为陆小曼推拿。时间久了，两人便暗生情愫，有了些暧昧。

后来，在翁瑞午的劝说下，陆小曼还开始吸食鸦片。开始的时候，是为了治病，但是鸦片这东西，一吸成瘾，人也就麻醉了。其实鸦片和繁华何其相似，深陷其中便很难淡然走出。而此时的陆小曼，同时浸染着两种东西，却不愿自拔。

陆小曼与翁瑞午不清不楚的关系，终于被传得沸沸扬扬。徐志摩烦闷不已。爱情是他的信仰，那时候，他大概会疑惑，越过山水风烟追寻唯美爱情，到底是对是错。

陆小曼并未放弃那段爱情，但是她不知道徐志摩心里的苦，她仍然在恣肆地飞舞着，眩晕的她看不出徐志摩眼神里的落寞和绝望。她只是想让自己年轻的生命尽情绽放，却不知，这样的生活已将那诗性的男子推入了深渊。

徐志摩又开始了远行。他急需从那片灯火中辗转出来，听听遥远的天籁，让自己心灵的世界安静下来。他真的不愿意在上海滩的灯火里让诗心枯萎。旅途中他多次写信劝慰陆小曼，希望她能改变生活方式，可当他回到上海，看到的仍旧是那个麻木、眩晕的陆小曼。繁华中的痴迷，已经让她失去了曾有的画意诗情。

其实陆小曼仍是爱徐志摩的，尽管她与翁瑞午有些暧昧，但徐志摩是令她心田开出莲花的男子，是她生平最爱。她也能感受到徐志摩心底难言的痛楚，可是上海滩的繁华实在让她迷醉，她不可能丢弃这里的欢歌魅影，去向寂静的远方。

1931年2月，徐志摩终于离开了上海，来到北京大学和北京女子师范大学任教。上海，那座灯火辉煌的城市，对于徐志摩来说，好似昏暗的坟茔，埋葬了太多生灵。

陆小曼的生活没有丝毫改变，仍旧沉湎于十里洋场的奢靡生活，依旧在鸦片烟里迷醉。徐志摩为此痛心疾首，却也只能不停奔波，维持她的排场。他无数次劝说陆小曼，始终不见成效。

几重烟水迷离，几重愁云惨淡。

爱上尘世的烟火，也便离不开西风凋碧树的落寞惆怅。

杨柳依依、风轻云淡，是人生；月色正浓、人约黄昏，是人生；夜静山空、杜鹃啼血，是人生。悲欢离合，我们都曾历过，来去只如浮萍。

烟火人间，往事迷离。

人间余味

尘缘似梦，世事如谜。

生命如露如电，匆忙而来，寂静而去。

不知不觉，我们已在人间走过许多年，泅过许多河流，翻过许多山岳，看过许多风景。我们曾无数次伫立在灯火阑珊处，希冀幽暗的时光里有人为我们转身微笑。可生命终究是寂寞的，纵然你可以披着月光奔跑在苍原，也总会在某年某月某日，猛然间发现已然来到最后的天涯。

云烟散漫，草木凄凉。

人生若只如初见。许多个日子，徐志摩定会想起纳兰容若，想起这满含凄凉的字句。原来，再唯美的爱情也经不起岁月磨洗；原来，再灿然的红颜也会在尘世间迷惘。

他失去了方向，亦失去了力量。

云下岁月，本该写意；烟雨红尘，本该悠然。

却不料，若干年后，人生与爱情，同时失了色彩。他的悲伤无处言说。

于是，那个冬天，他猝然跃起，随着那巨响与火光，飞出了人间。

终究，他也是红尘过客。生亦何欢，死亦何苦。对于红尘，或许他早已厌倦。他只想飞向云端，将人间的悲欢离合，看个明白。对这个纯粹的诗人来说，那样的飞逝，虽然太过匆忙，却也算是解脱。

▲徐志摩与陆小曼合影（由中国第二历史档案馆提供）

陆小曼：一生半累，人归何处

云天之上的他，总会明白，红尘本就是苦海，而回头的时候，已是下个轮回。

他去了，了无痕迹；她留下，岁月荒凉。

陆小曼虽然任性，可她毕竟是深爱着徐志摩的，写下了《哭摩》，心痛无痕，寸寸泣血。然而，再深的悲伤也终是无处落脚。斯人已去，悔恨与伤痛，都只有自己知道。

徐志摩离去后，陆小曼从此素服，再未穿过红色的旗袍，而且闭门不出，谢绝所有宾客，也不曾去舞厅跳舞。她的卧室里悬挂着徐志摩的大幅遗像，每隔几天，她都会买新的鲜花送给他。她说，艳美的鲜花是志摩的，他永远不会凋谢，所以她永远不让鲜花枯萎。

可惜，天人永隔，再长的怀念也换不回刹那回眸。

在很长的时间里，她仍旧承受着世人的指摘。她不理会，亦不计较，世间纷扰太多，她只要独自清欢。原本，许多事不是对错可以评判的。

余下的人生，她将用尽力气，活出点味道。

于是，她突然间变得沉默。洗尽铅华，甘愿淡泊，绝迹曾经留下旖旎风光的地方，而消失在人们的视线里。她无须用语言去为自己做任何的辩解，她用后半生的孤独清苦换前半生的红艳繁华。其实，爱始终在她心里。只是，清醒得晚了些。

擦拭了琴弦，拾起了画笔。其后的日子，陪伴她的，除了黯淡流光，便是月光下浅淡的画意诗情。这是徐志摩希望看到的，可惜，在他离去后，她才明白本应如此。

当然，她与翁瑞午之间，仍旧保持着最初的暧昧。他们有太多相似的爱好，比如戏曲，比如绘画。他的关心与体贴，让她欲罢不能，所以，在徐志摩去世后，她悲痛欲绝，终究是不能离开翁瑞午，对他的依赖有增无减，最后直至同居。

陆小曼天性单纯而率直，无视世间道德礼法，更无惧流言蜚语。她从不在意自己与翁瑞午的事被人说三道四，也从不狡辩。她说，她对翁瑞午只有感情，没有爱情，应该不是假话。

彼此依存，相互取暖。后来的那些年，他们就是如此。试想想，若世间无翁瑞午这个人，那些冰冷的岁月，她该如何度过？

因为相依多年，在别人劝她离开翁瑞午的时候，她都拒绝了。在责难与鄙弃之前，她选择了不离不弃。甚至，她曾拒绝过胡适的援助，因为胡适的条件是要她与翁瑞午断绝关系，便能负担她此后的所有。因为这件事，陆小曼再不与胡适来往。

乱世之中，生命如尘。

而陆小曼，这柔弱的女子，却选择了坚守本心。

原来，红颜亦可以傲霜。

她活得纯粹，待人真诚，从无假意虚情。难怪，有人做出了这样的评论：男人中有梅兰芳，女人中有陆小曼，都是人缘极好，只要见过其面的人，无不被其真诚相待所感动。

可惜，她终是被世人误解了。但是，随着时光悄悄褪去隐藏在她身上的面具，那些陈旧不堪的纱幔渐渐支离破碎的时候，陆小曼这个曾经千夫所指的女子，把她散发的所有的美，重新展现在了世人面前。

偶尔看到她的诗文字画，蓦然间明白，原来她本就是才情俱佳

的红颜。

刘海粟对陆小曼的才华的评价:"她的古文基础很好,写旧诗的绝句,清新俏丽,颇有明清诗人的特色;写文章,蕴藉婉约,很美,又无雕凿之气。她的工笔花卉和淡墨山水,颇见宋人院本的传统。而她写的新体小说,则诙谐直率。她爱读书,英法原文版小说,她读得很多。"

但她早已远去。世人如何评说,生前不愿理睬,死后更是沉默。

离去的时候,无儿无女,无牵无挂。

去得坦荡而纯净。世事浮云,从此与她无关。倒是别人写给她的那副挽联颇有味道:推心唯赤诚,人世常留遗惠在;出笔多高致,一生半累烟云中!

一生半累,来去飘然。这就是陆小曼。

尽管受尽鄙薄,至少纯粹而恣肆地活过。

她不是烟花,却比烟花寂寞。她是任时光磨洗仍不褪色的红颜。

芳华刹那,转身天涯。

赵四小姐：梨花海棠，红尘绝唱

乱世情缘

待你江湖厌倦，与你山下种花。

待你了无牵挂，陪你浪迹天涯。

偶然间遇见这样的词句，感动得热泪盈眶，于是相信了爱情。

有人说，爱是烟火；有人说，爱是离歌。爱情，未必是花开陌上，未必是月满西楼。

其实，爱情原本可以是不离不散的烟雨江湖。繁华里，青梅煮酒，执手到老；萧瑟处，茅庐清风，流年似水。爱到深处，清茶淡饭，亦是诗情。

倘若你对爱情绝望，别忘了，多年以前，曾有两个人，于烽烟四起的乱世，爱得铭心刻骨。从繁华到萧瑟，从江湖到山野，他们始终伴着彼此。

只因，相遇的刹那，太美。

于是从此，结伴红尘，生死相依。

那个愿意为爱远走天涯的女子，是赵四小姐。那年那月，灯火阑珊,她在人群里遇见了他,默然的欢喜,便将温柔尽数给了他。为爱,她不惜放下安稳生活,置身在风雨凄迷的乱世;为爱,她不惧世人流言蜚语,只愿赴那良人的红尘之约。

她是真爱至上的,亦是至情至性的。所以,他被幽禁,她仍旧伴着他,走过那些荒凉的年月。所幸,他亦真心待她,以温柔之手,珍藏了她的年华与爱情。

美人如玉,剑气如虹;江山如画,往事如歌。

故事里,他们身在江湖,不曾彼此相忘。

他为她,舍弃弱水三千,寂静欢喜;

她为他,不顾山高路远,开到荼蘼。

世间的人们,渴望静美的爱情,却总是不得不面对情路迢迢。所谓地老天荒,不过是夜半私语时的缥缈誓言。往往是这样,走着走着,就走到了两处天涯,于是只好感叹:林花谢了春红,太匆匆。

走遍红尘,能在爱情里痴心无悔,纵然山重水复仍旧不离不弃的人,到底是不多。这世上,终究是薄情者多,痴情者少;走马观花者多,生死相许者少。

须知,爱情虽美,却也有落木萧萧之时。只要繁华里的缱绻缠绵,不要荒野间的冷月飞花,这不是爱情,至少不是纯粹的爱情。

真正的爱情,是可以惊艳和温暖时光的。张学良与赵四小姐,那些黯淡的日子,因为爱情不曾湮灭,甚至有几分行到水穷坐看云起的悠闲意味。

她是他的红颜知己,从最初,到最后。

他是风流少帅,有过数段情缘。但是幽禁的岁月,伴在他身边

的只有她。她知道,最深情的告白,就是不离不弃。事实上,他也为她,倾尽了温柔。迟暮之时,他还对人说,她是他的姑娘。

在这场旷世的情缘里,他们是彼此永远的风景。

执子之手,与子偕老,原来是这样。

爱有天意

假如爱有天意,何惧人间迢递。

红尘路远,沧海辽阔。我们尽是他乡之客。

迷雾重重的旅途,偶然相逢,刹那认出彼此,便是天意。于是,词人说,众里寻他千百度,蓦然回首,那人却在灯火阑珊处。千里万里,千年万年,若是有缘,总会在某个路口相遇。

当然,爱情是光影重叠的风景。未曾走入的时候,谁也不知道里面到底是春暖花开还是西风萧瑟,于是,许多人飘然而入,却又落寞而出。不管你是否愿意,注定以悲伤结尾的爱情,总会在悄然间零落成泥。

她与他,不仅有相遇相知的最初,还有相依相伴的最后。世间的许多爱情，曾经很美，后来却面目全非，只剩下两处的黯然，以及曾经沧海难为水的悲凉。而他们的爱，却从不曾落幕，仿佛长过了岁月。

她是赵四小姐。爱到暮色如歌，人生已无缺憾。

最后，他深情地看她，她安然地离开，心满意足。

夕阳下，有爱情里漫长的慈悲。

就像叶芝那首诗所写，真正的爱情应该是这样："当你老了，头发白了，睡意昏沉；当你老了，走不动了，炉火旁打盹，回忆青春。多少人曾爱你青春欢唱的时辰，爱慕你的美丽，假意或真心；只有一个人还爱你虔诚的灵魂，爱你苍老的脸上的皱纹……"

若他们不曾相遇，赵四小姐的人生定会完全不同。可他们到底是相遇了，而且还将爱情演绎成了千古绝唱。不得不说，尘缘如谜。

赵四小姐祖籍浙江兰溪市灵洞乡洞源村。其父赵庆华，号燧山，曾任清邮传部主事，津浦、沪宁、沪杭甬、广九等铁路局局长。在梁士诒任国务总理时，赵庆华又官至交通部次长，并曾任交通银行经理、东三省外交顾问等职。

1912年，赵四小姐出生于香港，为此，母亲给她取名香笙。据说在其出生时，东方海天交接处出现了一道瑰丽的彩霞，望着织锦般绚丽的景色，父亲赵庆华由之动情，遂给女儿取名为绮霞。赵庆华膝下六男四女，绮霞在姐妹中排行老四，便被家里人称为四小姐，外人则称她为赵四小姐。后来上了学，又根据英文名的译音，取名赵一荻。

在香港度过童年生活后，赵四小姐随父亲来到了天津，就读于

127

天津中西女子中学。这是天津著名的贵族学校,许多达官显贵家的小姐都在这里就读。在这些粉红黛绿的明媚闺秀中,赵四小姐最是聪颖灵慧。加上性情温和,从不与人争吵,颇受同学、老师喜欢。她兴趣广泛,爱好骑马、打网球、游泳、开车、跳舞等等,而她最大的嗜好就是读书,尤其对新文学作品特别偏爱。

不俗的家境,良好的教育,聪颖的天资,造就了出类拔萃的她。若不是那段绝美的尘缘,赵四小姐大概会成为乱世名媛,于灯红酒绿的地方,翩翩起舞,恣意飞扬。或许,她会在散尽风情之后,远离喧嚣;或许,她会在爱情幻灭之后,独自惆怅。

但她,却走了不同的路。只因在人群里,她遇见了他。

于是,从此念念不忘;于是,爱得地老天荒。

因为爱得痴迷,她情愿穿过山重水复,去到他的身边。

赵四小姐闻名遐迩,自然与张学良有关。他是闻名于世的少帅,有英雄气魄又不乏才情,可以说是民国女子的大众情人。他本人性喜才女,尤其是美丽的才女。难得的是,他懂得怜香惜玉,对女人从不恃强。对他来说,情感上有许多种可能,遇到赵四小姐也属于偶然,但最终结合却是必然。

然而,赵四小姐并非传言中那样美貌绝伦和倾国倾城,在那些乱世的红颜中,她的长相只属于中上等。但她身材颀长,体态婀娜,喜欢运动,嗜好读书,加上爱打扮也会打扮,所以气质和风度都很出众。

开花的年岁,她笑靥如花,已颇有名媛风范。因此,天津的《北洋画报》还曾把她的玉照当作封面。1927年,赵四小姐终于可以自由地出入社交界了。于是，她悄然间走入了蔡公馆。走出来的时候，她已心有所属。

如风的来去，如约的相遇。

于是心扉，从此只为他而开。爱情，来得悄无声息。

草长莺飞的日子，那场爱情如约来临，让16岁的赵四小姐猝不及防。即使如此，她还是情不自禁地走了进去。毕竟，她是爱情至上的女子。

那时候的天津，是仅次于上海的中国第二大城市。车水马龙，灯红酒绿，皆与上海相似。乱世的年光里，莫名的歌舞升平。

蔡公馆的主人叫蔡少基，也就是后来张家三公子张学曾的岳丈。此人在清末民初曾担任过北洋大学总办、天津海关道台，家资富有，又属洋派，常常在家中举办舞会，放映电影，使蔡公馆成为当时天津颇有名气的上流社会交际场所。

天性风流、喜好玩乐的张学良，自然是蔡公馆的常客。

赵四小姐喜欢跳舞，所以对那个醉意十足的地方，也是心驰神往。只不过，她年岁还小，始终不能如愿。这天晚上，当得知姐姐们又要前往蔡公馆，赵四软磨硬泡，一定要去凑凑热闹，无奈，姐姐们只好带她同行。

她走入了蔡公馆，也就走入了那段故事。

灯光与人们都摇曳着身姿，那是春风沉醉的夜晚。

故事的开头，是偶然间的对望。

在那些着意修饰、浓妆艳抹、花枝招展的太太小姐们中间，正值豆蔻、不施粉黛的赵四小姐显得格外超凡脱俗，吸引了许多人的

目光。他们邀她共舞,她婉转地拒绝。在看到他之前,她始终在角落里,品茗观舞,沉默不语。

仿佛,她早已知晓,这是个不寻常的夜晚。

然后,他来了,俊逸如风,神采奕奕。

她知道,他是张学良。在中西女校的课堂上,在家人的口中,在闺密的私谈中,她早就知晓张学良在两次直奉战争中指挥千军万马、驰骋疆场的事迹,早就听闻过他抬棺上战场、在枪林弹雨中亲督战事的美谈。在她心中,他是英雄。

如果可以,她愿意做他袖口的蝴蝶。

但是在相遇之前,这些都只是幻想。

年少的时候,谁都有过美丽的梦幻。而她,却在那个夜晚,趁着月色走入了梦境,遇见了她的陌上良人。闻名不如见面,她已暗自欢喜。

终于,他注意到了角落里独处的她。他见过不少女子,但眼前的赵四小姐,如出水芙蓉,让她觉得惊艳。然后,他走过去邀她共舞,她如沉睡已久的公主,终于等来了王子,随即在他的带领下飘入舞池。

曲未终了,张学良因公务匆匆离去。临别,四手相握,依依不舍。

只是初次相见,却为彼此倾倒。

故事,也就在那个寻常的日子,蓦然间开始。

刹那间,春风吹皱湖水。

相逢如诗。

岁月无恙

刹那花开，爱已蔓延。

听不到花开的声音，却停不下那欢喜。

总是这样，世间的两个人，偶然相逢，将对方看入眼中，爱情就毫无征兆地发生了。于是从此，两处的山水迢迢，变成了相对的春风十里。

爱情是最美的风景。让人勇敢，亦让人慈悲；让人痴迷，亦让人决绝。真正的爱情，甚至不需要春花秋月，不需要烟雨彩虹，只需要两个人携手红尘，纵时间荒芜也不放手，等到风景看透，依旧伴着彼此，看细水长流。

赵四小姐想要的，就是这样的爱情。她是无比痴情的女子，遇见那个可心之人，便交出了所有的柔情。纵然风雨凄迷，她也要为爱勇敢。不过，开始的时候，这场旷世爱情，还是有过不少周折。

那晚，蔡公馆的舞池里，他们无比欢喜，却又匆忙分别。此后，在很长的时间里，竟是无缘再见，徒留倩影与英姿，在彼此心底。故事注定漫长，少不了起承转合。许是尘缘注定，两人竟再度相逢于北戴河。

意外相逢，喜不自胜。在那云水之间，他们几乎日日见面，感情迅速升温。当然，在两人的最初交往中，虽是两情相悦，但无疑，情窦初开的赵四投入的感情更多，陷得更深。

▲ 赵绮霞（赵四小姐）1928年留影（由中国第二历史档案馆提供）

毕竟，他们相差了11岁。

她情窦初开，他看惯风月。

她只是花开静默，他却已经过花间。

不过最终，他没有辜负她的痴情。故事，才会呈现那样的深情款款。

她把对他的爱写在日记里，他无意间看到，心潮起伏，不能自已；她把他的小照嵌在饰物里，戴在胸前，他偶然发现，于是对她的爱更入肺腑。其实，那个秀雅温柔的女子，早已在他心里，连岁月都赶不走。

尽管，赵四小姐知道张学良已有妻室，但她还是决定放手去爱。为此，哪怕山重水复，哪怕风吹雨打。若非她爱得坚定，这场爱情怕是早已湮灭在俗世的狂流里了。

那些日子，两人常常相携出入于京津之间的各大娱乐场所。花前月下，卿卿我我，羡煞无数人。情到深处，他们成了各自心中的朱砂痣。难得的是，半个多世纪以后，依旧如此。穿过荒凉年月，爱情从未搁浅。原来尘缘，并非如风。

很快，这郎情妾意的事便被人知晓了。突然间，流言四起。小报更是极尽夸张之能事把这段乱世中的情缘渲染到了极致。真真是寂寞苍白的乱世，经不起这点滴艳事的渲染，竟闹得尽人皆知，满城风雨。

终于，赵庆华也知道了此事。其实，从个人条件、家世背景来讲，他倒是乐得结此姻缘。但他早已知道，张学良是有妻室的，他决不能让自己宠爱的小女儿给人家做小。为了彻底斩断这段情缘，赵庆华做主，迅速给赵四小姐物色了一桩门当户对的婚事。赵四小姐百般不愿，可赵庆华横眉立目，不给她任何余地。

假如就此妥协，她便不是她。

这看起来温柔婉约的女子，竟是无比的倔强。

爱已深入心魂，她便倾情以对。纵然飞沙走石，她也心甘情愿。

若不敢面对凄风苦雨，便不配醉于花前月下。

1928年，震惊中外的皇姑屯事件爆发，张学良的父亲张作霖被炸死，张学良化装返奉，接掌大权。百废待兴、百事待理，他每日忙于公务，但稍有闲暇，赵四小姐的倩影便不自觉地闯入脑海。而远在津门的赵四小姐，更是夜夜独对孤灯，辗转难眠，饱受相思之苦。

也许是日夜的操劳，也许是同样的相思，张学良生了病。得知此消息的赵四心急如焚，她知道多日来的紧张局势让张学良压力甚巨，满腹的担心，满心的思念，让她恨不得生出双翼马上飞到沈阳。

终于，1929年秋，她离开了天津，搭上了开往沈阳的火车。

走得决绝，只留了字条给家里。

在真爱面前，万事皆如尘土。她始终这样认为。

她笃信，他能给她安稳。只是从此，她走上了不归路。

那个年代，封建礼教虽然被追求个性自由的年轻人不断冲决，却又悄然复原。私奔即为淫奔，不仅玷污门户，而且为社会所不容。所以，私奔以后的萧红，从此成了乱世浮萍，没了落脚的地方。所幸，赵四小姐遇见的是张学良。

赵庆华知道赵四小姐私自离家投奔张学良后，极为恼怒，在报上连续刊登五天《兰溪赵燕翼堂启事》，将赵四小姐清理出门户，并引咎从此不再为官。这次赵庆华是伤透了心，直到1952年病逝于北京时，都不肯原谅这个他最钟爱的小女儿，这成为赵四心中永远的痛。

其实，赵庆华此举，稍事品评，却也不难体察内中的深思熟虑。首先，身处乱世，战火连天，他不愿受军阀争斗的牵连；其次，与别人已有婚约，无法悔婚，只能登报声明以作交代；第三，他清楚女儿的性格，她既然做了选择便不会回头，他只能断她的后路，寄希望于张学良永远不辜负她。他也是用心良苦。

根据张学良晚年回忆，赵四小姐的初衷只是想要去见他，没想到，父亲连续登报，断了她的后路，她竟是再也回不去了。隔断了亲情，她只能在爱情里浮沉。

她只能随着他，天涯也好，地角也好。

繁华萧瑟，晴天雨天，她都愿意面对。对于这段缘分，她从不曾辜负。

尘缘虽美，却也时常说断就断。夜半私语缠绵，天明各自西东，这样的故事并不少见。

而他们，红颜与将军，却不曾放手。

从最初，到最后。甚至，直到时光尽头。

不管怎样，沈阳之行，赵四小姐等于将自己连根拔起交给了少帅。风雨乱世，人如飘絮，她可以依靠的，只有那个她为之远赴天涯的男子。

他是爱她的，也给了她无比的温暖。但他毕竟是有妻室的，他不得不为此事劳神。于凤至是张学良的原配夫人，不愧是大家闺秀，在对待赵四小姐的事情上，她做到了进退有度。面对丈夫带来的佳人，她虽然心中抵触，却不曾哭闹，只是淡淡地，默认了赵四小姐的存在。

当然，她也提出了条件：首先，赵四小姐不能进帅府；其次，赵四小姐不能有正式的名分。她以为，赵四小姐毕竟是受过正规教育的大家闺秀，年龄又小张学良十几岁，过不了多久就会离去。但

她低估了赵四小姐对张学良的爱。那个爱情至上的女子，只想与心上人相守，其他都视为浮云。于是，赵四小姐住进了张学良的北陵别墅。

后来的许多日子，花前月下，缠绵缱绻。张赵二人爱得昏天黑地。

仿佛，红尘陌上，只剩他们两个人。

他是她的盖世英雄，她是他的知己红颜。

于凤至很快就认识到问题的严重性了。当初不让赵四小姐入帅府，是希望她知难而退，主动斩断与张学良的情丝。可是现在，情敌未走，自己的丈夫也因此终日不回。她有些后悔，却还是选择了隐忍。终究，她亦是深爱着张学良的。

虽说爱情不能分享，但她既然不舍离去，又见那两人爱得深沉，便只能默然接受，做出云淡风轻的样子。她到底是于凤至，那些争风吃醋哭天抢地的事，她的确做不来。

赵四身材婀娜多姿，像柳，性格也有柳质，柔中带韧，屡折不断。在妻妾争宠的大帅府，因为她与世无争的个性，于凤至也渐渐对她有了好感。

思前想后，于凤至将位于帅府东墙外那栋二层小楼买下来，让赵四小姐居住。待装修完成后，她亲自去北陵别墅将赵四小姐接了过来。此后，赵四小姐便在小楼里住了下来，人们也因此称这座小楼为"赵四小姐楼"。

很多来过帅府的人都感到疑惑，赵四小姐为什么舍弃阳光明媚的南屋，而是选择位于东北角、终年阴冷潮湿的房间为自己的卧室呢？答案其实很简单，仅仅是因为站在这里，她能隔窗看到位于大青楼二楼张学良办公室里的灯光。

就在这座小楼里，她生下了儿子张闾琳。

爱情开花结果，繁华落地无声。幸福无与伦比。

小楼明月厮守，尘世风烟不在。

时光清浅，岁月无恙。

风尘知己

山无陵，天地合，冬雷震震，夏雨雪，乃敢与君绝。

故事里，人们总是这样说。仿佛，说了便可以白头偕老。

但我们都知道，如花美眷，敌不过似水流年。花前月下，卿卿我我，只是爱情的开始。总是这样，走着走着，就散了，回忆都淡了。于是，所有的欢喜，只落得曾经沧海难为水。

誓言只如烟云，经不起风吹雨打。爱到深处，无需海誓山盟。

在那场旷世的爱情里，她不要苍白的誓言，她要的，是老去之后摇椅上的相对浅笑。她爱得铭心刻骨，那些荆棘满地的年月，她始终不离不弃。风雨相随，患难与共，是他们对爱情的执着。她是赵四小姐，他是张学良。

难怪，于凤至后来说，他们是风尘知己。

宁负流年不负君。或许，这是赵四小姐对着乱世年光，暗自许下的诺言。她兑现了，穿过幽暗岁月，她始终在他身边。最后，看尽世事浮沉，携手夕阳西下。这是属于她和他的月满西楼。

但是往事，并不因此而轻描淡写。

那年，日军炮轰沈阳，继而侵占了东北三省。国难当头，张学良因为奉行了蒋介石的不抵抗政策，被人们讽刺为不抵抗将军。与蔡元培齐名的马君武以笔杀伐：赵四风流朱五狂，翩翩蝴蝶最当行。温柔乡是英雄冢，哪管东师入沈阳……

赵四小姐受到牵连，被认为是红颜祸水。但她选择了沉默，生生吞下了这根刺。就像当初她为爱出走，不惧世人蜚短流长，如今亦是如此。乱世之中，她只要爱。

但是，身负国仇家恨的张学良，却经受不住舆论的骂声，内心无比痛苦，终于开始吸食毒品，而且越来越频繁。不久之后，那个气贯长虹的将军，变得萎靡不振。他整日郁郁寡欢、心情暴躁，日渐面黄肌瘦、病体恹恹，完全没有了少帅的风采。

赵四小姐忧心如焚。她知道，若就此下去，后果不堪设想。思来想去，她决定听从为张学良治病的德国名医史密勒博士，进行强制戒毒。

1933年3月12日，张学良来到了上海。治疗的过程极其残酷，由于长期依赖毒品，张学良毒瘾很深。医生把他的手脚都捆绑住，以防止他毒瘾来时的狂暴。那种痛苦是无法想象的，只见张学良疼痛难忍，又无法动弹，就用牙齿撕扯着衣服，发出极惨烈的哀嚎声，不忍卒闻。

随行的人见此情状,想要冲进去解救少帅,向来温柔的赵四小姐,拿着枪死死地守在门口。见她如此,没有人敢再进屋。

其实,那些撕心裂肺的哀嚎,如针般,扎在她心头,她早已痛彻了心扉。

如果可以,她愿意替他忍受所有的苦楚。

她爱他入骨。他的欢喜,便是她的;他的苦难,亦是她的。

只要他安好,时光就无比清淡。那几日,看他受尽苦楚,她也如坠深渊。窗外是繁华中十里洋场的热闹喧嚣,窗内是煎熬中难以承受的黯淡荒凉。那样的情景,恐怕多年以后想起,她都会胆战心惊。

所幸,经过七天七夜脱胎换骨般的身心折磨,张学良终于戒掉了毒瘾。

他重生,她欢喜。他牵了泪眼模糊的她,走向更深的岁月。

风月下的私语缠绵虽然美丽,雨雪中的携手同行却更动人。

爱仍在,如从前。

1934年1月8日,张学良被任命为豫鄂皖三省"剿匪总司令部"副总司令,蒋介石亲自担任总司令。对于这个头衔,张学良十分反感。他始终认为,当时最紧迫的任务是抗日救国,而不是剿共。但是蒋介石依旧坚持着自己的政策,他说得清楚,攘外必先安内。在政治策略上,他们的分歧显而易见。

后来,日本加快了侵华步伐。面对这样的局势,张学良多次向蒋介石进谏,希望停止内战,都被蒋介石拒绝。在进谏无效的情况下,张学良决定发动兵谏。

1936年12月12日,张学良与西北军的杨虎城将军发动震惊中

外的"西安事变"，抓获并软禁了蒋介石，逼迫他调转枪口，停止内战。无奈之下，蒋介石只得答应，全国抗日力量得以重新聚合，事变得到了圆满解决。

愚直的张学良决定担当全部责任，亲自护送蒋介石回到南京。飞机刚刚降落在金陵机场，他就沦为了阶下囚。蒋介石恨他入骨，于是，他被长期软禁，开始了长达几十年的幽禁生活。

那些时光，黯淡如长夜。张学良说，他的故事就只到那年。很显然，对他来说，此后的人生，就只剩荒烟蔓草。幸好，她始终在他身边，如温暖灯盏，照着他的苦涩和寂寥。若不是她，那样漫长幽暗的年月，真不知他该如何度过。

最开始，张学良被软禁在浙江奉化的溪口。得到消息后，赵四小姐心如刀绞。她多想马上到他的身边，给他慰藉与温暖。可是幼子在身边，同样需要照顾。无奈之下，她只得带着儿子张闾琳来到南京，然后又转赴香港居住。但她的内心，从未平静过。

于凤至很快赶到了溪口，侍奉张学良。1940年，张学良被转移到贵州修文阳明洞，于凤至因病去美国就医。于是，赵四小姐忍着万般心痛将年幼的儿子送到美国，由张学良在那里的朋友照管。然后，她千里迢迢地赶到贵州，与他共对荒凉年月。此后，她再也没有离开他。

本来，她可以在香港，过安定的生活，风雨不惊。但她，却选择了陪他，在惨淡的人间，流放时光。多年以后，暮色沉沉，他们依旧伴着彼此，说前尘往事，说沧海桑田。

世事，浮沉变幻；爱情，从未落幕。

红袖添香，赌书泼茶。是爱情。

踏雪寻梅，渔舟唱晚。是爱情。

但别忘了，那些风雨里执手不离的画面。若不能患难与共，携手度过荒年，便不能算是深沉的爱情。爱到骨子里，你便是我，我便是你。

冷暖相随，悲喜相知，不离不弃，才是真的缠绵。

梨花海棠

时光如冰。

英雄与红颜，都归了尘土，沉默不语；

风流与旧梦，都付与沧桑，没了行迹。

但那场倾世的爱情，多年以后，仍时常被人说起。小楼明月，茅庐西风，都曾有过，却又悄然而去。留下的，只有他们如诗的往事。那是几十年风雨相随的浪漫。

为爱，她舍弃繁华；为爱，她甘于平淡。

那年，她离开香港，来到张学良的身边。她很清楚，做了这样的选择，此后的人生必将是颠沛流离。但她心里坦然，只要在他身边，纵是雨雪飘零，她也心甘情愿。

她是痴情的赵四小姐。他在天涯落魄，她若醉心繁华，她必然无法面对这样的自己。所以，她选择了与他作伴，共度那些萧索年光。见到她，张学良喜出望外，仿佛，所有的怨气和苦闷都不复存在。

身边有了这个红颜知己，惨淡的日子竟也有了些滋味。他读书，她就在旁边伴着；他喜欢古董，她就替他收集鉴别；他想研究明史，她就帮他整理资料。偶尔，他们也去户外，钓鱼或者打球。虽然被幽禁，因为冷暖悲喜都有人知，倒也有些海阔天空的错觉。

无论如何，赵四小姐不愿让张学良独自承受孤独。所以，获得特许探亲的她，甚至每次前往美国看望儿子，都是匆忙来去，仅停留三两日，便回到张学良的身边。

曾经，芳华绚丽，光彩醉人；

如今，洗尽铅华，平淡度日。

这是她对于爱情的交代。她不要香车宝马，亦不要良田广厦。她只要与心爱之人，相依相随，哪怕散淡，哪怕清贫。

据说，那段时间，赵四小姐经常衣着朴素，与寻常女子无异。她的不寻常在于，对爱情无比坚贞。因为坚贞，才有了恬淡。所以，那些年，别人看到的他们，竟然过得悠闲自在。若不是相濡以沫，恐怕难以将磨难视为无形。

1945年抗战胜利，原本以为会得到自由的张学良，又被辗转幽禁到台湾新竹的井上温泉。这个与世隔绝的深山，成了他们最后的幽禁之地。她和他在这里度过了十多载静默的囚居时光。

他是威武的将军，她是傲世的红颜。

但是现在，他们只能在山中，携手穿越寂寥。

到这步田地，除了与时光握手言和，也没有别的办法。

世事浮沉，风云聚散，我们能做的只是随遇而安。

他们早已看透，所以过得悠然。山间的那座木屋，是他们的居所，住着往事如风。木屋外，有清静的院落，有别致的篱笆。篱笆内，是他们相守着的风雨不惊；篱笆外，是繁华萧瑟交织的乱世流光。

养猫养狗，养自在情趣；种花种菜，种满心欢喜。

环境虽然清苦逼仄，生活却并不苍白。

这样简单的幸福，人们早已遗忘。而他们，却在寂静山中，安然地体会着。在保存下来的张学良日记里，记述了许多种菜养花的趣事。其中，描述最多的，是赵四小姐对那些花草的喜爱。

到底，她是如水的红颜，那份浪漫从未磨灭。当然，未被磨灭的，还有爱美的天性。春来，她还是人面桃花；秋去，她依旧飘然孑立。山河轮转，美人依旧。此时的她，即将四十不惑，被岁月洗涤过的容颜，风烟俱净，是霜华浸染出的波澜不惊。

1957年，张学良终于获得了自由，结束了多年的幽禁岁月。那些年，赵四小姐始终在他身边，给了他残年冷月的体贴和温暖。爱已深得，越过了沧桑。

蓦然间，他发现，这个跟随自己流离于乱世的女子，竟然还没有名分，他颇觉得愧疚。于是，他写信给于凤至，希望她成全。只是，写这封信，他也是百般纠结。毕竟，于凤至对她，亦是情深意重。

远在美国的于凤至，与张学良解除了婚约，成全了他和赵四小姐的爱情。她说，赵四小姐是难得的女子，数十年陪着汉卿同生死、共患难。她说，他们是风尘知己。

成全，是她的选择。虽有万千不舍，却可云淡风轻。

其实，她何尝不是他的知己红颜。

那风流的少帅，此生拥有两个奇情女子，该是无憾了。

1964年7月4日，张学良与赵四小姐在台北举行了婚礼。这场忠贞的爱情，终于走到了婚姻的殿堂。参加婚礼的人虽然并不多，只有十二个，但宾客都是在台湾乃至在中国近代史上赫赫有名的大人物，比如政界的张群，艺术界的张大千，国策顾问何世礼，蒋介石夫人宋美龄等。

素雅的装束，温婉的容颜。她已是了然世事的女子。

但是欢喜，还是无法言语。终于，她在他的世界里有了名分。

他用那枚兰花的戒指，锁住了她最初和最后的年华。

对于他们的爱情，有人写过这样的诗句："夜雨秋灯，梨花海棠相伴老；小楼东风，往事不堪回首了。"梨花海棠，相伴到老，真好！

后来，他们离台赴美，定居夏威夷。风烛残年，爱情仍在摇椅上悠悠荡荡。前尘往事，历历在目。只是人间，渐行渐远。

赵四小姐的身体每况愈下。她撑着沉疴的病体，不愿闭上眼睛，只为看着丈夫快乐地度完百岁华诞。开始和结束，她看他，都是同样温热的眼神。所以，在他生日上，他颤巍巍地握着她的手，亲昵地对人说："这是我的姑娘！"

最后，他们相继去世，走得了无声响。

但是爱情，早已落地生根，长出了满世界的凄艳和惊讶。

偶然的相遇，必然的相守；万变的世界，不变的尘缘。

爱到寂静，已是红尘绝唱。

胡蝶：天涯蝶舞，流年成霜

刹那红尘

我们流放时间,亦被时间流放。

我们经过道路,亦被道路经过。

红尘深处,我们不是归人,只是过客。

如果可以,谁都愿意远离喧嚣,在山明水净的地方,诗化流年。可是过了许多年,蓦然间发现,自己仍在繁华里寻觅,形单影只。我们想要的疏淡与清朗、欢喜与自在,总是若隐若现,难以触及。

最重要的,不是身在何处,而是心境。

心若无尘,处处皆是净土。心若安恬,繁华之中,亦可以活得清淡。

就像那恣意的红颜,在灯火摇曳的旧上海往来穿梭,承受着万千宠爱,也承受着流言蜚语,却始终不改红颜本色。她是乱世的风景,以短暂的华年,惊艳了漫长的时光。

胡蝶,多年以后,她仿佛仍在那里,笑看红尘众生。

曾经,胡蝶和阮玲玉,都是电影界炙手可热的人物。但是阮玲玉匆匆地去了,只留下惨淡往事,让后人怀想和唏嘘。而胡蝶,依旧在纷乱的世界里，坚持着自己的梦想。她是当之无愧的电影皇后，她开创了中国武侠电影的先河，她将中国电影从黑白时代带进了彩色世界。所以，时过境迁，人们仍记得她的名字，和她神秘的笑容。

她说，人生如戏，戏如人生；

她说，人生太短，绚烂或凌厉，都只是瞬间。

于是，她选择了淡然。岁月黯淡，世事凄惶，她都从容面对。乱世的人间，谁都逃不过风雨兼程。只是，有人如履薄冰，如临深渊，却也有人飘然度日，独自清欢。

她在电影里颦笑如醉，芳华如梦；却又在尘世里飘零憔悴，人如飞絮。苍茫人间，她也不曾躲过命运的颠簸。人海之中，她遇见了那个让她欢喜的男子，想要与之携手红尘。可是不久后，她却被恶贯满盈的军统头子戴笠霸占。强权面前，爱情只如尘埃。

但她依旧爱得倾心。她所有的年华与灿烂，都只愿交给自己的良人。就像她说的，姓戴的只能霸占她的身体，却霸占不了她的心。那是幽暗的岁月，她在樊笼之中，只因爱情的烛火不曾熄灭，她才熬得过花谢花开。

她是真性情的女子，对于感情从来都是倾心倾意，来不得半点虚与委蛇。为了心底的公道，她义无反顾地与初恋情人林雪怀对簿公堂。这样的事情，当然会成为无数人茶余饭后的谈资，但她不介意，她必须对自己有个交代。

面对世人指摘，面对人间冷暖，她做到了淡然处之。几分圆融，几分通透，让她选择了笑看风云。而阮玲玉，因为悲观的性情，匆忙地别了红尘。胡蝶的性格中，亦有决绝，但她没有轻易了断尘缘，

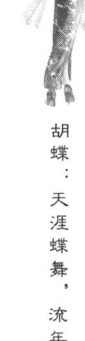

民国女子那般美丽

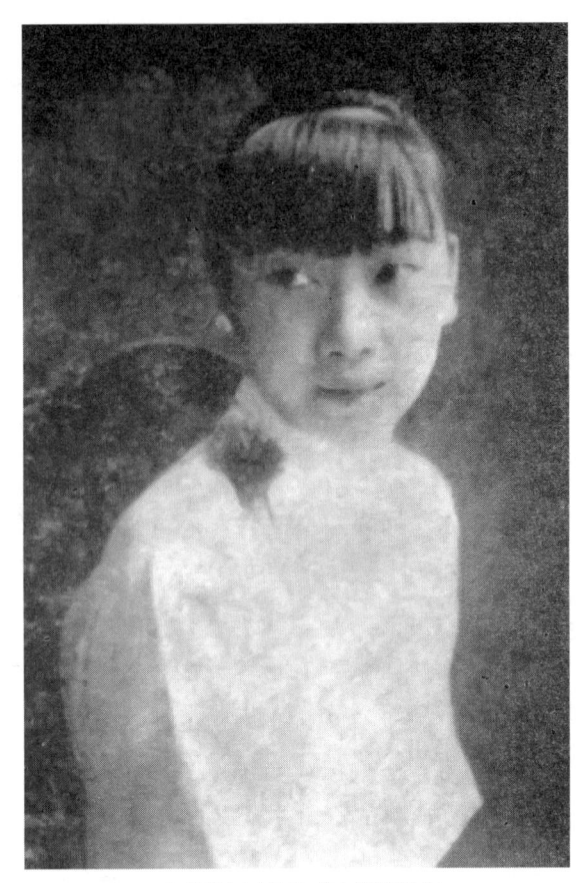

▲ 胡蝶（由中国第二历史档案馆提供）

不是偷生，只是看淡。

恣肆而沉静，倔强而恬淡。这便是胡蝶。

繁华之中，她倾国倾城，却又仿佛，只是独自摇曳，与时光对酌；

时光那头，她身陷泥淖，却又仿佛，只是经过乱花，片叶不沾身。

但她终究是去了。陌上故事，只剩绝响。

刹那红尘，我们皆是过客。

芳华如梦

从来处来，到去处去。

路过人间，生命只如飘萍。

但无论是谁，都必须以尘埃的姿态，去丈量沧海桑田。

只有经历过世事变迁，才会蓦然间明白，原来我们无需知道，生命的起点和终点到底在何处。我们只需，寂静地行走，看山看水，听风听雨，在某个陌生或熟悉的路口，寂静地离去。红尘岁月，从此了断。

或为故事，或为尘烟。

胡蝶，早已翩然飞走。但是，多年以后，说起旧上海，人们仍会想起那个身影，在人烟与时光交织的梦里，笑靥如花。这倾城的女子，仿佛是古典诗词里走出的红颜，几分窈窕，几分嫣然，几分恬淡，几分哀愁。

1908年，光绪和慈禧先后驾崩，末代皇帝宣统即位。紧接着，各路军阀在中国的政坛上粉墨登场，大地纷乱异常。就在这年，胡蝶出生于上海提篮桥怡和码头附近的辅庆里。后来胡蝶的母亲还常说，胡蝶就是老佛爷和皇上驾崩那年生的。

9岁那年胡蝶随父母回到广东，在那里度过整个少年时期。由于父亲在铁路工作，胡蝶经常跟着父亲到处游走，接触到了世间各色人等。那些三教九流的言谈举止，给童年时就善于思考的胡蝶留

下了深刻的印象，这些无疑为她后来在银幕上塑造各种角色打下了坚实的基础。

胡蝶的母亲出生在大家庭，虽受教育不多，却颇懂得为人处世，胡蝶在回忆录里说，母亲常常教育她，想要得到，必先赠予。当然，母亲还告诉她，不可锋芒太露，遇事要淡然处之。

不过，胡蝶到底是乱世佳人。

只是浅浅颦笑，便可倾国倾城。旧上海的年光里，她注定光彩照人。

但她的确做到了恬淡和从容。后来面对指摘和流言，她都淡而化之。

也因此，她有了难得的碧海蓝天，不至于因抑郁而厌倦红尘。

灯火摇曳，繁华如纸。旧时的上海滩，仍在记忆深处浮光掠影。来来去去，是茫然无措的行人；起起落落，是繁华深处的故事。黑白电影无声地前尘往事，王侯将相、贩夫走卒，都在电影里沉默着对白。

然后，胡蝶飘然而来。16岁的她，亭亭玉立，衣袂翩翩，剪水的双眸，清丽的面容，如从画里走出。她的故事，就从这美丽的年纪开始。

上海滩，只有回到这里，她才是人们熟悉的胡蝶。

绚烂与明媚，伊人悄然盛放；风华与记忆，我们无声打捞。

父母希望她能求学深造，她却只愿与电影结缘。1924年初，由郑正秋编剧，张石川导演的中国电影史上里程碑式的作品《孤儿救祖记》在上海公演，这部影片打动了无数观众，其中也包括胡蝶。

于是，她投考了由顾肯夫等创办的中国第一家电影学校——上海中华电影学校，成为首届训练班学员。

对她来说，那些光影交织的画面里，有似水的年华，有如酒的人生；有聚散的记忆，有爱恨的绝响。她愿意，将自己交付给电影，无论是悲是喜。胡蝶对自己的人生做了最重要的选择，很笃定，很坚决。

胡蝶原名胡瑞华，报考中华电影学校时，胡蝶想给自己取个艺名。她想改名为胡琴，又觉得胡琴凄凉，踌躇之际，脑海里浮现出蝴蝶飞舞的场景，于是索性改名为胡蝶。她大概没有想到，后来的岁月里，这个名字会被万千人记住。

蝴蝶梦中，世事流转。

杜鹃声里，冷月无声。

流光溢彩的上海旧梦，难以言说的风尘过往。胡蝶翩翩飞来，落在电影之上。于是从此，人们记住了她的身影和笑颜。她永远是那样，宛然地笑着，酒窝里尽是风情。

考入影校后，胡蝶比较系统地学习了戏剧、电影理论和表演方面的课程，她尤其喜欢表演课程，几乎投入了全部精力去钻研表演，在洪琛、汪煦昌、陈寿荫等电影名家的指导下，很快便显露出超常的才华。

她倾心于电影，愿意为之消得人憔悴。后来，为了拍戏，胡蝶还去北京拜梅兰芳学京剧，讲普通话。演戏配音的时候，她经常在录音室里待七八个小时不出来。这乱世的红颜，从来都是盛放的玫瑰，绝不做空洞的花瓶。

学业结束后，胡蝶在大中华影片公司的电影《战功》中出演配角，接着在友联公司的《秋扇怨》中升任主演，开始崭露头角。翌年，胡蝶和天一公司签订了两年合同，拍摄了《白蛇传》《孟姜女》《珍珠塔》《儿女英雄传》等十余部影片。1928年胡蝶入明星影片公司，曾主演《白云塔》《火烧红莲寺》《啼笑因缘》《空谷兰》等影片。

《白云塔》是胡蝶进入明星公司演出的第一部影片，另一位女主演是阮玲玉。片中胡蝶曾反串翩翩公子，鼻梁上架一副圆边眼镜，阮玲玉演一个小鸟依人却行为不端的小姐。此后，她们再未合作过，遗憾拷贝今已散失。

让胡蝶登上电影事业高峰的，是电影《姊妹花》。在影片中，她一人饰演有着不同生活道路的双胞胎姐妹大宝、二宝，把两个身份悬殊、性格各异的女性刻画得非常成功。这部影片三十年代在国内打破国产影片有史以来上座率的最高纪录，后来到东南亚、日本、西欧诸国演出，也大获好评。

1933年，胡蝶被选为电影皇后。发起选举活动的《明星日报》本要举行盛大加冕典礼，胡蝶以国难当头的理由推辞。但由于杜月笙介入，最终还是举行了庆祝活动。当时场面很是轰动，政界要人、商界大佬、演艺界名流都齐聚舞台，只为一睹电影皇后的风采。

彼处的战火烽烟，此处的歌舞升平。那日的胡蝶，虽荣耀加身，却也颇觉得悲哀。到底是特立独行的女子，她在灯红酒绿的欢笑声中，唱出了她的愤怒："您对着这绿酒红灯，也想到东北的怨鬼悲鸣……"

虽为女流，却晓得人间大义；无数男子，却仍旧醉生梦死。

因为这样的对照，我们清晰地看到，历史的缝隙里，满是尘埃。

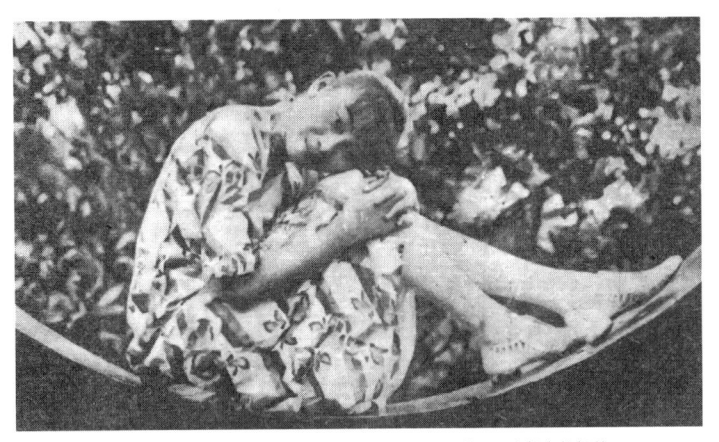

▲胡蝶主演伟大国产片《白云塔》(由中国第二历史档案馆提供)

不管怎样,胡蝶成了上海滩无数女性的偶像。她脸上那对招牌式的酒涡,成了美女的重要标志,而身上穿的旗袍,戴的首饰,都成为大众模仿的对象。

风华绝代的时候,岁月仿佛已经沉沦。

没有突然的倾国倾城,只是悄然的渐行渐近。

终于,她走来,抖落风尘,芳华如梦。

神秘地笑着,颠倒了众生。

雪蝶纷争

流年滚滚,尘世喧嚣。

每个刹那,都有故事落幕,成了时光里的尘屑。

旧日的上海滩,摇曳迷离的灯火,照着无数的分分合合。

胡蝶，或许是从梦里走来，或许是回到了梦里。悄然飞落人海，流年便已惊诧。

那时的胡蝶除了拍电影，还是宣传海报的模特儿，做肥皂香烟的广告时，画里的样子美艳绝伦。人们竞相模仿，却不知，美得刻骨的，是她翩然的年华。

然而，年华如歌的时候，日子并非想象中那样清浅安闲。初恋散为云烟，世人冷嘲热讽，阮玲玉所遭遇的尘世风雨，胡蝶也不曾躲过。或许，上天是公平的，给了她们如花似玉的容颜，也给了她们黯淡萧条的往事。

红颜于世，本可以烹茶煮酒，悠然度日，但是命运，却总让她们彷徨无际，坠落再坠落。于是，心境萧索的无奈地别了陌上红尘，心境恬淡的选择与岁月握手言和。很庆幸，胡蝶属于后者。在那些幽暗时光里走出，她依旧是倾世的红颜。多年以后，人们仍旧记得她当时的模样。

踏入电影圈后不久，胡蝶开始了自己的初恋。因为电影《战功》，她认识了张织云。在张织云的介绍下，她遇见了林雪怀。故事里的人们，似乎总是这样，在最美的年华，遇见最美的彼此，无论结局如何，总不愿辜负初见时的欢喜。

相遇后不久，好友徐琴芳邀请她合演《秋扇怨》，恰好林雪怀亦在这部电影里饰演角色。许是冥冥中自有天意，他们走得越来越近，于是爱情悄然发生。阅世甚浅的胡蝶，倾心地爱上了那个男子。

飞花如梦，流年似水。

时光清浅，岁月温柔。

他们默然相遇,不问是缘是劫。

人们说,世间所有相遇,都是久别重逢;人们说,情缘不知所起,刹那深不见底。

胡蝶与林雪怀便是如此,刹那相见,已将彼此看入了心底。他的俊雅飘逸,她的明媚如画,尘缘早已写在三生石上。只是,尘缘虽美,却也如风,不经意间,就能吹得往事凌乱。但此时,在年华最好的时候,他们只在意相对视线里的风轻云淡。

那年,她17岁。生命的扁舟,漂洋过海,入了他的港湾。

她以为,他们可以执手到老。

《秋扇怨》以后,胡蝶和林雪怀已是形影不离的恋人。这倾世的红颜,愿意在那男子的世界里尘埃落定。于是,1927年3月22日,他们在北四川路上新落成的月宫舞场举行了隆重的订婚仪式。

恍然间,他们便是上海滩的神仙眷侣。但谁都知道,如梦的相逢,总会如烟地结尾。戏里,他们演绎别人的悲伤欢喜;戏外,他们体会自己的相聚别离。繁华之中,他们亦是寻常男女,避不开世事如谜。

开始的时候,花前月下,形影相随,仿佛只要爱着彼此,就可以泅渡所有暗流风潮。与所爱之人平静度日,体会简单的幸福,胡蝶喜欢这样的生活。尽管她是红遍上海滩的偶像,但是淡出繁华,她只是寂静红颜,愿意小鸟依人。

但是,林雪怀却渐渐地感到了压抑和迷惘。胡蝶声名日盛,他却是江河日下。他很清楚,对于所有明星来说,时光静好,简单幸福,都是遥远的事情。他能想象,在这个明媚女子被万人追捧的时候,她必将会遇到许多难以预料、进退两难的事情。到那时,她是否仍

会如初，依偎在他的身边，他无法确定。

这个风度翩翩的男子，到底是卑微而狭隘的。他的爱，经不起世事风霜。当他在胡蝶的身上看到许多不可预见的可能，心中的爱，也就变得畸形起来。

在她风华绝代的时候，他却沉默于市井灯火之间。他无法忍受这距离。

其实，他们之间最大的问题，不是身份高下，而是爱的厚度。假如他爱得足够深沉，大概不会在意她人海中的光华，亦不会介怀她生命中的盛放。后来，他不再是当初那个温文尔雅的模样，开始猜忌，开始嫉妒。许多的日子，他们之间只剩无休止的纷争。

只是数年，如花美眷，已是渐行渐远渐无声。

岁月，磨灭了欢喜，也把最初的美好，磨成了齑粉。

天下多少有情事，世间满眼无奈人。胡蝶却依旧爱着。

在林雪怀事业萎靡的时候，她拿出自己的积蓄让他做生意。可惜，他不谙此道，在生意失败后，变得沉沦而无赖。他开始流连舞厅，在酒精与灯火中麻醉自己。

真正的爱情，可以让人变得温和而慈悲。然而，林雪怀却正好相反，他变得尖锐而冷漠。曾经的美好，他已抛诸脑后。他担心别人嘲笑他的无能，担心胡蝶红杏出墙，加上小报上杜撰的绯色消息，他总觉得如鲠在喉。先是为了邵醉翁吃醋，后又怀疑她和张石川。在这种无端的猜忌下，这个男人愈发变得疯狂，变本加厉地用胡蝶的钱肆意挥霍，花天酒地。

胡蝶终于绝望了。她明白，这个心胸狭窄的男子，不可能给她现世的安稳。对他的态度,也变得冷淡了许多。这样的转变,让林雪怀很是愤怒,于是,他递给了胡蝶一纸休书,算是对她的报复。更可恨的是,在休书中,他列举了蝴蝶那些莫须有的风流韵事,斥责她行为不检,声名狼藉。

所有的缱绻,所有的誓言,都不过是云烟。

人性背后,是白云苍狗,是飞沙走石。

爱情,可以是微风细雨,也可以是乌云风暴。选择了错的人,便也选择了往事如冰。转身的时候,沧海已经桑田。就像胡蝶,她只想要清淡如诗的幸福,得到的却是落红无冢的悲伤。一纸休书,隔断了所有的悱恻缠绵。不怨世事如风,只怨人心难测。

心境如灰的时候,她仍有她的傲然。

这个特立独行的女子,将一纸诉状递到了法院。不为别的,只为清白。

其后的一年,在那场婚约诉讼中,胡蝶几乎耗尽了心力。在上海混乱的空气中,悬浮着大明星胡蝶情变的声音。兵荒马乱的时代里,人们又在这样的故事里找到了乐趣。

聪慧的胡蝶绝没有想到,那样美丽的爱情,到最后竟只是两个人的针锋相对。无论结局如何,这场爱情,她是输了,因为深情,因为在意。至于流言蜚语,她已懒得计较。笑对风云,是她的风格。若不是爱情失落,她不会那样悲伤。

曲终人散,她仍是决绝而从容的胡蝶。

曾经爱过,便已足够。至于结果,本就属于无常。

爱恨情仇,转头已空。

留下的,只是尘埃。

▲ 胡蝶(右)与胡珊(左)(由中国第二历史档案馆提供)

世事浮沉

时光会结束所有悲欢离合。

许多事,最初是冰刀霜剑,最后是烟草风絮。

都说往事不堪回首,若能看淡,那些悲伤过往,也不过是岁月陈迹。

胡蝶的人生，极致的华丽中，有无限的悲凉。但她总是安静地走着，从容而淡然。红颜本色，从未改变。我想，经过乱流纷扰，仍能美丽如初，才是真的红颜。

那年，胡蝶决然地结束了那场无味的爱情，把自己整个投入最初的梦想。然而，纷扰却并未停歇。乱世的人间，风雨未央。

1931年东北爆发"九·一八"事变，11月20日上海《时事新报》刊出广西大学校长马君武作的打油诗，"赵四风流朱五狂，翩翩蝴蝶最当行，温柔乡是英雄冢，那管东师入沈阳。"因为这首诗，胡蝶背上了骂名。诗中影射张学良因和胡蝶迷醉舞池而不顾抗日，以至于东北沦陷。

流言纷至沓来。此时的胡蝶正随明星公司在北平拍摄《自由之花》《落霞孤鹜》和《啼笑因缘》的外景，气愤的市民找到片场，声讨胡蝶红颜祸国。胡蝶不得不返回上海，在《申报》上刊登启事辟谣，张石川、洪琛、龚稼农等明星公司演职员也在报上为胡蝶作证。

梅兰芳还出面表示，9月18日晚张学良将军来看他的戏，言下之意将军与胡蝶欢歌共舞乃无稽之谈。后来有消息披露是日本通讯社造谣中伤张学良，马君武激于义愤，未经查实将胡蝶也牵连进去。

这件事，始终是她心中的阴影。在她晚年的回忆录中，还曾发出这样的感叹："该结束这段莫须有的公案了吧！"耿耿之意，溢于言表。可毕竟，流言四起的年月，她还是承受住了所有压力，做到了应有的从容。

几分倔强，几分淡然，这就是胡蝶。低回黯淡，风雨飘零，她

总能看得开，这是她和阮玲玉不同的地方。阮玲玉遇事总求完美，容不得渣滓，这样的性格导致了她的香消玉殒。

终于，流言飘散无声。但是，悲凉已在心底。

芳华绚烂的年岁，却有了看破红尘的哀伤。

可是人生仍在继续，许多路尽管荆棘满地，她仍需寂静前行。于这尘世，我们都不曾拥有什么。我们只是茫然赶路，过山过水，过繁华萧瑟。面对阡陌纵横，我们能做的往往只是，行到水穷，坐看云起。

那年，无声的光阴里，亦有惊喜。胡蝶在堂妹胡珊家里遇见了潘有声。尽管当时，因为刚从婚姻的悲剧里走出，胡蝶无心再爱。对于身边的那些追求者，她都视而不见。然而，感情的事，总是没有来由，不是想避就能避开的。

潘有声身材伟岸，有着读书人的风雅。胡蝶见惯了戏里戏外的庸俗低劣之人，眼前这个男子，颇让她动心。当然，她的高贵大气，亦让潘有声急速陷落了。那晚，他送她回家，他们相谈甚欢。

虽然心有余悸，但是胡蝶还是开始了这场恋情。潘有声不似林雪怀那般轻佻和自私，他有着男人该有的笃定和温和。他原本有结发之妻，还有女儿，为了胡蝶，他不惜抛妻别女。若干年前，为了林徽因，徐志摩亦做了同样的选择。无论别人如何评说，他们不曾辜负美丽的相逢。

爱情里面，多情与无情，往往只是咫尺之遥。

此处花开，彼处花落。一念之间，山水迢递。

最重要的是，爱过之后，无怨无悔。

胡蝶确定，自己爱上了那个痴情的男子。带着依稀可见的伤痕，她全心地投入了这场爱情。不管世事如何变幻，她希望爱情之火永不熄灭。

她愿意在他身边，做安静的蝴蝶。

她愿意与他，度锦瑟年华。

1935年11月23日，在位于上海九江路和江西路口的一座教堂里，胡蝶和潘有声结束了他们马拉松似的爱情，举行了令人艳羡的结婚典礼。终于，她的生命真正有了归属。潘有声的确是值得依靠的男子。但是，世事仍在飘摇。他们爱得深沉，却也必须面对凄风苦雨。

这年春天，莫斯科举行国际电影展览会，苏联当局发给南京外交部的电报中特别指名邀请胡蝶参加。胡蝶随中国电影代表团前往，参展的八部中国影片中，《姊妹花》和《空谷兰》两部由胡蝶主演。

此行胡蝶还赴英法德意等欧洲各国考察，饱览异国风情。临行前，她还特意到阮玲玉家，与自己的好姐妹辞行，没想到，那竟是她们的诀别。在胡蝶畅游欧陆的时候，突然得到消息，阮玲玉自杀了。悲伤之余，胡蝶甚至有过息影的想法。

1937年，抗日战争爆发。11月，上海失守。不久，明星公司在上海枫林桥的总厂被日军占领，明星公司从此不复存在。乱世之中，生命没有着落。胡蝶只好随潘有声迁到香港。

在香港，潘有声工作稳定，业余买马，所以，开始的时候，生活很平静。

清茶淡酒，你侬我侬；时光深处，不离不弃。

若能长久，日子也算悠然写意。

但是很遗憾，岁月静好很快就成了过往。1941年12月25日，香港政府、驻港英军向日本华南派遣军总司令酒井隆中将投降。香港沦陷。为了表达自己对残暴日军的反抗，她把香港投降日称之为又一个"蝶耻日"。

日军占据香港后，为了宣扬所谓的中日亲善，曾重金邀请胡蝶赴东京拍摄《胡蝶游东京》。胡蝶声称自己已经息影，并且有孕在身，短期内无法再现银幕，婉转地拒绝了。但她已经意识到，香港并非久居之地。

▲ 获1933年影后称号的胡蝶女士（由中国第二历史档案馆

1942年，胡蝶夫妇带着年幼的儿女，跟随游击队艰难跋涉20多天，终于到达广东曲江。冬天，他们到达陪都重庆。只是，胡蝶未曾想到，这竟是暗夜的开始。

等待她的，是漫长的屈辱与荒凉。

人生起落，或许早有定数。傲然如她，亦避不开世事如霜。

姹紫嫣红开遍，都付与断井颓垣。那些绝望的日子，她只能如此叹息。

人们说，蝴蝶飞不过沧海。原来如此。

天涯故里

世间千古聚散，皆归尘土；

平生半亩心田，只植梅花。

人生起落，世事浮沉，不过是镜花水月。

再美丽的年华，再丰盛的过往，都会被时光带走，留下的，只有往事依稀。万水千山走遍，我们终会明白，生命只是一场华丽的错觉。与其彷徨冷落，不如在心中，种半亩梅花，淡看云烟聚散。

胡蝶的心中，有那样的花田。所以，经过那些黯淡时光，她仍能飘然回归，以平静的姿态，面对人间。我以为，真正的红颜，就应是经得起风雨，亦耐得住寂寞的。

那年，胡蝶来到重庆。没过多久，她就被国民党军统局局长戴笠所控制，做了笼中之鸟。与以前的经历相比，那才是真正的泥淖

苦海。她甚至无力挣扎，只能在半窗幽暗年光里，等待云开月明。

离开香港的时候，胡蝶夫妇将历年积存的财物装成30只箱子，托当时在香港秘密负责接送工作的杨惠敏女士代运回国。不料，当胡蝶夫妇抵达广东韶关时，却得到了30箱财物在东江被劫的消息。

胡蝶失宝，极为伤心。为寻得原物，她托了不少朋友，却不料，自己会无形中落入那个特务头子的手中。戴笠是登徒子之流，最好花间猎艳之道。此时的胡蝶，经历了岁月风霜，却是风韵不减，巧笑嫣然。戴笠久闻她的名声，知道她是乱世佳人，只是没想到，睹其芳容的机会来得这样戏剧。

戏外的人生，往往比戏里的故事更曲折。

所有的起承转合，都让人猝不及防。

很多时候，人生只是从苦海到苦海。回头的时候，沧海已桑田。

戴笠因胡蝶而魂不守舍。他要得到她，所以不择手段。他做事向来如此，不知低劣罪恶为何物。为了赢得胡蝶的好感，戴笠先是百般安慰，然后又信誓旦旦地保证要破案。于是他将杨惠敏和她的未婚夫抓来严刑拷打。

杨惠敏就是八百壮士守四行仓库时送国旗的那位英勇女童子军，由于这件事情被戴笠关押了四年半之久，直到戴笠死之后才迫于舆论压力被释放，导致宋庆龄资助其出国深造不能成行。

得知的确是土匪抢劫之后，戴笠又派一批强干的办案人员赴广东全力侦破劫案。由于兵荒马乱，劫匪如麻，任凭有通天之能，此案也无法侦破。很快，戴笠又想出了办法，按胡蝶开的丢失珠宝、衣物的账单，派人去外国购置，谎说是追回了部分财物。

胡蝶是见过世面的女子，看见戴笠所追回的物件并不是自己的原物，却也不声张，只是淡淡地说了些感激的话。不过，对戴笠而言，这也算初步博得了胡蝶的好感。

为了达到自己彻底占有胡蝶的目的，戴笠派人打发走潘有声，让他去云南做生意，还给他发了商人梦寐以求的专员委任状和滇缅公路通行证。

潘有声走后，戴笠再也按捺不住强行占有胡蝶的冲动。面对戴笠强大的势力，胡蝶知道反抗无用。毕竟，她是从容淡定的人，虽心痛异常，也只好违心顺从。

心中有明月，便无惧长夜。

岁月无声，荒草蔓延，若心境恬淡，便可永远临水照花。

经过雾霭，抖落尘埃，她依旧是傲世的红颜。

只不过，被幽禁的三年，胡蝶的确是心如死灰。她只能念着丈夫的名字，以回忆取暖。等潘有声辗转回到重庆，已遍寻不着胡蝶的踪影。戴笠拘押了他，让他知趣离开胡蝶。潘有声无力反抗戴笠的压迫，只好饮恨离开重庆。

看起来，胡蝶被幽禁的日子还是优渥的。戴笠让她住进了中美合作所内的杨家山公馆，布置得相当豪华。但胡蝶讨厌这个地方，屋前是山，屋后是山，连散步的花园都没有。其实，她讨厌的，是这金屋藏娇的情节。虽然身处乱世，但她原本可以与丈夫清淡度日，此时却身陷泥淖，快乐也便无从说起。

因为胡蝶的抱怨，戴笠马上派人花重金在公馆前建了个大花园，每天陪胡蝶在这里散步。为博得美人的欢心，他想方设法在生活上满足她。甚至,为了使胡蝶不爬坡,他把平坦的马路一直修到胡蝶的房门口。

但是胡蝶始终郁郁寡欢,有时候,她甚至觉得自己已经死去,远离了真实的人间。她本是清澈女子,却落得这般田地,悲哀可想而知。她能做的,只有忍耐。

或许,他是爱她的。或许,那只是虚妄。

真正的爱情,不应是占有,而是,两颗心没有距离。

他给她广厦华服,她却是心有所属。于是,那些月下黄昏,便也没了意义。

但是,那个男人却不介意。他的世界里,没有成全,只有占据。后来,戴笠准备与胡蝶正式结婚,强迫潘有声与胡蝶离婚。潘有声迫于权势,同意与胡蝶解除婚姻关系。胡蝶掉着眼泪对丈夫说:"姓戴的只能霸占我的身体,却霸占不了我的心。有声,我的心永远属于你。"

然而,造化弄人,准备与胡蝶结婚的戴笠,却因飞机失事死于南京近郊。

他的美梦,她的噩梦,终于都醒了。

结束了被幽禁的日子,胡蝶依旧是翻飞之蝶。

那些委曲求全的日子,那些蜚短流长的时光,虽然惨淡,她终究是微笑着度过了。她的处世哲学里,有骄傲决绝,亦有安恬淡泊。所以,她没有如阮玲玉那般,走不归之路。

胡蝶回到上海,回到了潘有声的身边,他待她如初。这个温厚的男子,配得上她风雨中的等候。她身陷泥淖,他无力拯救,不是

▲ 梅兰芳（左）与胡蝶合影（由中国第二历史档案馆提供）

胡蝶：天涯蝶舞，流年成霜

他的错。灯烛之火，点不亮暗夜。

若干年后，上海已不是她的上海，胡蝶看得清楚。而且，她与戴笠的关系，也使她无法从容面对左翼影人。于是不久后，胡蝶和潘有声携了儿女，悄无声息地离开上海到了香港。

到香港后，潘有声创办了以生产"蝴蝶牌"系列热水瓶为主的

▲ 参佛之胡蝶女士（由中国第二历史档案馆提供）

洋行，胡蝶在旁尽力协助。然而，这种苦尽甘来、朝夕相共的日子，只持续了六年，潘有声就病逝了。

孤独与悲凉，占据了胡蝶的心。她开始怀念，那些青春岁月，那些似水流年。当然，还有那些银幕上的花样年华。于是，沉寂许久，她选择了回归。

1959年，年过半百的胡蝶，加盟邵氏公司，先后拍摄了《街童》《两个女性》《后门》等片。1960年在日本举行的第七届亚洲电影节上，《后门》获得最佳影片金禾奖，胡蝶获得最佳女主角奖。同年，该片再获日本文部大臣颁赠的最佳电影奖，52岁的胡蝶跃登"亚洲影后"的宝座。

1966年，胡蝶参加了《明月几时圆》《塔里的女人》两片拍摄之后，正式退出了影坛。在台湾住了几年后，于1975年移居加拿大温哥华。此后的岁月，渐渐没了声响。

终于，看遍了世事，历尽了沧桑。蓦然回首，万事皆空。

繁华散尽，于是归了天涯。或许，天涯便是故里。

胡蝶要飞走了，是她与这世界的最后对白。

美丽与哀愁，明媚与忧伤，都成了过往。

蝴蝶飞过了沧海。

萧红：飘零尘网，草木春秋

人间无岸

岁月如酒,谁与共醉;

人间无岸,何处归途。

所有的风景,所有的遇见,只是刹那莲开。最终,我们都要各自离去,了无消息。

原来,人生不过是,从异乡到异乡。于这飘渺红尘,我们皆是过客。

民国女子,大都带着几分悲凉。乱世之中,她们各自彷徨。但人生如萧红那般悲惨的,却没有几个。或许,她完成的是属于女人的宗教。为此,她担当了作为女人全部的痛苦。

不羁放纵,飘洒肆意,都敌不过岁月荒凉。选择了任性与倔强,也就选择了孤独与寥落。从任性开始,到任性结束,她早已不知身在何处。仿佛,她只是活在梦里。可她的确真实地活在人间,以尘埃的姿态,寻寻觅觅,凄凄惨惨。

为了自由与爱情,她孤独地走在荒野,清醒地接受了所有疼痛与凄凉。

人生起落之间，时光也变得沉默。

她说，我不能决定怎样生，怎样死；但我可以决定怎样爱，怎样活。于是，她选择了那样的人生，于喧嚣的人海，于乱世的大地，放浪形骸，无怨无悔。

她的人生并不长，最后，年华未老，红颜已逝。她也因此被尘世光阴定格，在记得她的人心中，从不曾老去。但她的悲情人生，却着实让人叹息。那么短的人生，那么多的悲喜，不知道，是幸运，还是不幸。

人生一世，草木一秋。

每个人都有各自的命运，于是我们各自漂流于人间。命运，让华丽者华丽，让卑微者卑微。萧红，是民国女子中的异数，她从来不是湖水中央精心梳理羽毛的高贵天鹅，而是寒风雪雨里在寸土裂缝里竭力生长的倔犟野草。

寄身人间，她从未停止过抗争，与家庭男权抗争，与家国沦陷抗争，与爱情痛苦抗争，她的态度总是毅然决然的，但她却总是被打回原地。她是命运里失败的出走者，不断朝门外跑，却始终找不到方向。

想要的彼岸，终究是不曾抵达。尽管才华出众，笔下写尽沧桑，可她，到底是柔弱的乱世女子，历经过无数苦难，终于零落沧海，去了未知的远方。

丰富饱满，却又沧桑斑驳，这就是萧红的人生。有凛冽，有卑微；有尊严，有屈辱；有倔犟，有软弱。但最终，只剩凄凉。

飘飘荡荡，浮浮沉沉，她只如飘萍。从故乡呼兰河出发，辗转流离，

迷惘悲凉，过尽山水云烟，偶尔落脚，却总是无处归依。

她曾深深地爱过，却总是伤得体无完肤。生平几次情感经历都仿佛是一场场的轮回，每回都是千回百折，如丝结网，荆棘丛生，直到爱至成伤，爱枯成悔。与萧军，与端木蕻良，她爱得恣肆，却不曾完满。

原来，在爱情里，她亦是浮萍，春秋冬夏，颠沛流离。从男人的世界里登舟，又在男人的世界里漂流。或许是因为，她太贪恋那些泥淖里的温暖，不肯孤立无援地站在天地之间，所以才会落得那般凄凉。可这，就是她的选择。悲也好，喜也好，她默然承受。

最终，她回到了自己的故事里，数点沧桑。

轰轰烈烈，却又寂静无语。那是飞蛾扑火的人生。

草木春秋，早已冰凉。

浮萍于世

岁月的纸上，我们写写画画。

有人力透纸背，有人轻描淡写。

红尘陌上，酒意阑珊。我们醉在岁月的酒杯里，几乎忘记了南北西东。

萧红，这乱世的红颜，却活得清醒。聚与散，悲与欢，她都坦然地面对。不是她太从容，可以忘却悲欢离合，而是她选择了不同的人生，愿意为此经受命运考量。

多年以后，她定然还记得，来时的地方，和那些星火下的往事。可她，终于还是离开那里，去了凄迷的远方。然后，终于明白，风的前面是风，道路的前面是道路。走过那些风雨飘零的长路，她才会明白，人生不过是在梦里。

醒时，已是轮回尽头，满地落花无语。

萧红，不是美女，也不是文艺战士。她只想做自己，却从不曾做好。她的人生总在疲于奔命和动荡不安中挣扎，文学虽然给了她些许温暖，却没有改变她悲惨的命运。她在男人们之间辗转，却终究只如野草，不知归途几何。

曾经，萧红与人说，她是《红楼梦》里的痴丫头香菱。香菱本名甄英莲，是甄士隐的独生女。3岁那年的元宵节，她在看社火花灯时因家奴看护不当而被人贩子拐走，后来落到薛蟠手中。与香菱相似，萧红的人生也是惹人怜惜的。不过，与香菱的祸起于偶然不同，萧红的不幸源于她的任性。

若人生如棋局，她走得是死棋。她封死了退路，却又看不见前路灯火。于是，她只能独自飘零，从此处到彼处。这样的人生，注定以悲剧收场。

萧红本姓张，乳名荣华，学名秀环，后由外祖父改名为乃莹。1911年6月2日，萧红出生于黑龙江省呼兰县城，被传统命相认定为命贱不祥。她从小得到祖父张维祯的宠爱，父亲张廷举却对她较

为冷漠。1919年8月,母亲姜玉兰病故。同年12月,张廷举续弦。

萧红与张爱玲的早期经历有点相似:父亲虽有些文化修养,但性格冷酷乖僻;母亲都不曾给她们多少温暖,且一个远走异国,一个早早过世,母爱同样缺失;她们跟继母的关系都不算融洽。于是后来,她们都在囚禁中逃出父亲家,此后经历有别,却都无比孤绝。

浮萍于世,无所凭依。这就是她们。

烽火的人间,迷离的世事。她们都是,冷暖自知。

乱世的人,得过且过,没有真的家。纵是傲世红颜,终要漂泊度日。

豆蔻年华,萧红被许配给省防军第一路帮统汪廷兰的次子汪恩甲。不管是否情愿,此时的她,只能默然接受。两年后,萧红将要读初中时,因父亲阻挠辍学在家。萧红终于开始抗争,她以出家当尼姑为筹码,逼迫父亲让步,终于可以继续学业。

彼时,从师范学校毕业的汪恩甲,任小学教员。他到学校拜访过萧红,萧红也为他织过毛衣。他的父亲去世时,萧红还去吊过孝。但是,对于萧红来说,这段被安排的婚事,终究是苍白和无味的。她要的,是真正的爱情。

缱绻缠绵也好,飞花落月也好,所有的故事,她都要自己去开始和结束。

骨子里的任性,渐渐显露出来。蓦然间,她便走上了不归路。

1928年冬天,17岁的萧红结识了哈尔滨法政大学学生、与自己有远亲关系的表哥陆振舜。她因这样的遇见而欢喜,也因这样的欢喜而恣肆。

次年,祖父张维祯去世,萧红对于养育自己的家庭已经无所留恋。

她想退婚去北平读高中,父亲坚决反对。父女关系因此僵冷、对立,萧红以抽烟、喝酒排遣苦闷,性情变得喜怒无常。

1930年,陆振舜为了坚定萧红反抗包办婚姻的决心,从法政大学退学,前往北平,就读于中国大学。19岁的萧红遂离家出走,与表哥相聚,进入北平女师大附属女一中高中部。在被命运挤压了许多年以后,她终于鼓足勇气,走出了家门,进入了外面烽火连城的岁月。

从此,红尘巷陌,有了她自由来去的身影。

但是悲凉,却也因此,如影随形。所谓自由,都与孤独有关。

命运藩篱,她其实从未逃出。她只是,从荒野到荒野,从异乡到异乡。

表哥早有家室,他俩的事在老家引起轩然大波,陆家、张家都拒绝寄生活费,除非他们返回。偌大的城市,他们很快就到了水尽山穷的地步。陆振舜渐生悔意,两人关系开始冷淡,终于各自回家。这段没有根基的浪漫情爱,就此终结。

萧红被父亲软禁。她退身的地方,仍然有着横七竖八的陈旧逻辑。为私情而离家,她身后的门已经关闭。萧红是惊艳乱世的才女,但就处世而言,她几乎是个孩子。或许,所有的天才,都带着几分稚气。

假期结束前,萧红与家人周旋,假装同意与汪恩甲结婚,要置办嫁妆,得以去往哈尔滨,随即再次逃往北平。待汪恩甲追往北平时,萧红已囊中羞涩,只得跟他回呼兰。汪恩甲的哥哥汪大澄不能容忍萧红一再离家出走,代替弟弟解除了婚约。萧红到法院状告汪大澄代弟休妻,汪恩甲顾及哥哥的声誉,违心承认解除婚约是他自己的

▲ 1934年9月，左翼作家萧军（中）、萧红（右）和黄源（左）合影（由中国第二历史档案馆提供）

主张。萧红输掉了官司，第二次与汪恩甲绝情分手。

萧红半年前与陆振舜离家出走，如今又与未婚夫打官司，因而被视为怪物，成为人们茶余饭后的闲话对象。她的弟弟妹妹不堪舆论压力，转往外地求学。张廷举把全家搬到乡下老家。

秋天，萧红再次从家里逃出，到了哈尔滨。她衣衫单薄，身无分文，暂时落脚同学家，也曾流落街头，险些冻馁而死。战乱令百业萧条，不但求学成为泡影，求职也渺无希望。

终于，她回到汪恩甲的身边，拾起了那段残缺不堪的爱情。汪氏家族已对她深恶痛绝，他俩只得同居于哈尔滨东兴顺旅馆。但是，生活的命题仍旧冰冷地横在面前。不久后，她怀孕了。汪恩甲的工资只是杯水车薪，他们的日子越来越艰难。

然后，汪恩甲突然消失，远离了萧红的世界。或许是对家庭妥协了，或许是对萧红厌倦了，总之，那男子从此无踪，只把萧红留在那里，面对不断堆积的债务，以及后来凄凉的年光。无情之人，总能为转身离去找到许多说辞。而这个男子，悄然离开，甚至连借口都不给。

任性的萧红，惨淡的爱情。或许，这场故事，本就不算爱情。

其实，萧红要的并不多。静默地相爱，简单地相依，如此而已。

但是这样的爱情，她终究不曾得到。路过她生命的那些男人们，留给她的，竟然只有惨淡回忆。他们从不曾，将她的才气与温柔，细心典藏。

岁月迢迢，烟雨潇潇。

往事，不堪回首。

烟火尘缘

回忆如门。

门外风花雪月，门内悲欢离合。

而我们，就在门前，看尘世匆忙的人们，来的来，去的去。

我们走在遥远的路上。也可以说，我们便是道路，被世事冷然经过，踩出悲伤与欢喜。这世界，原本就是，你经过我，我经过你，各有各的方向，各有各的归途。

许多往事，萧红是不敢回忆的。但她，的确曾在那些晦暗的往

事里，任自己飘荡和凋零。她放逐时光，亦被时光放逐。她的文字，洗尽铅华，几近天成。而她的人生，实际上比她的文字还要丰富精彩，充满了各式各样的戏剧性，恍如身在梦里。也许那是乱世，人生人性的广阔翻飞，都不是我们这个时代的人所能设想的。

她始终漂泊。漂成了习惯，就忘记了如何上岸。

那年，那个无情的男子弃她而去，已有五个多月身孕的萧红陷入绝境，上天入地俱无门。那是1932年的夏天。悲情的萧红，生命中有太多萧索记忆，但那个夏天所经历的事情，恐怕无论何时忆起，她都会心有余悸。

旅馆老板将她赶到简陋、阴暗的储藏室，时时催逼。7月上旬，听说旅馆老板已经找好妓院，要卖她抵债，萧红急中生智，投书《国际协报》求助，随即又去电话催促。她曾给该报投稿，虽未采用，副刊编辑裴馨园对她有印象，立刻与同事去旅馆探望，并警告旅店老板不得为非作歹。次日，萧红几次给裴馨园去电话，裴尚无救助之策，遂委托协助他处理稿件的萧军送几册书过去。

他们，就这样相遇了。在她最困苦的时候，他如天神般出现了。在松花江绝堤的那个夏天，满城的汪洋，他不知从哪儿弄来一叶小舟，搁于她的窗前，再用绳索将她从窗口吊下，然后带着她悄然离开。

不管是否属实，这样的片段，倒是给萧红悲情的人生添了几分浪漫。

倘若，扁舟上的两个人，从此远离尘嚣，泛舟云水之间，该有多好！

倘若，爱情从不曾褪色，人生只如初见，岁月轻描淡写，该有多好!

但她是萧红,烟火人间的幸福,离她太远。

还是回到最初,看他们相逢的场景。那时候,萧红恰好在读报上连载的萧军的小说,遇见他的时候,欢喜无法言表。但是初见之时,她自己却是蓬头垢面,衣衫破败,肚子已经大到快要临盆,那绝对是凄惶的景象。这样年轻而衰残的女子,显然是让这世上有悲悯心的人来施同情之谊,而绝非是让偶然经过的男人来爱。

偏偏,萧军在她的身上,发现了震颤他心灵的强光。这个不幸的女子,在这样的生命状态下,居然还在写诗,描画,练字。不是萧红领悟了红尘浮沉悲喜,而是她从始至终都保留着少女般的天真。也因此,她看不透世事与人心背后的波诡云谲。

两个天渊之别的男女,蓦然间心有灵犀。

爱情开始的时候,如细雨洗尘,让人如醉如痴。

萧红,从命运来看,她是悲情的代名词。可是,仔细看这个女子,那样的孤苦伶仃,那样的漂泊憔悴,却依然爱着世间的美好。清风明月,春暖花开,她都了然于心。对她,可以不喜欢,但起码,应当怜惜。

从旅馆逃出来以后,他们起先吃住在裴馨园家。不久后,萧红产下女儿,但因为无力抚养,几天后便送了人。出院后在裴家住久了,裴家人渐生不满,萧军与裴妻激烈争吵,无奈搬出。

本来给裴馨园做助理编辑的萧军,失去了工作,这对乱世的情侣,穷愁潦倒,无家可归。好在后来萧军终于谋到教武术的工作,学生家住商市街,同意提供住处,两人总算有了栖身之所。

烟火生活，柴米油盐。

日子过得惨淡，萧红并无怨艾。

至少，此时的人间，有个肩膀，可以让她依靠。萧军终日奔波谋职，当杂七杂八的家教，仍然无法维持生活。很多时候，他们仍需借钱度日。

学生的姐姐汪林是萧红的中学同学。她身着皮大衣，脚蹬高跟鞋，带着又饱又暖的慵懒去看胡蝶的新片。她的红唇卷发、长身细腰，十足的少女风度。萧红自惭形秽，不敢看镜中的自己。困顿的光景，让她憔悴不堪，甚至有些苍老。

只有饥寒，没有青春。她曾如此说，满是凄凉的意味。

尽管如此，爱情仍旧寂静地绽放着。

萧红，在这场爱情里，她几乎倾尽了所有。至于结局，她还来不及思考。山穷水尽的日子里，她仍在为他写诗：只有爱的踟蹰美丽，三郎，我并不是残忍，只喜欢看你立起来又坐下，坐下又立起，这其间，正有说不出的风月。

感情炽烈时，爱也可以充饥。她说，只要他在身边，饿也不难忍了，肚痛也轻了。黑面包加盐，你咬一口，我吃一下，盐抹多了，还能开开玩笑：这样度蜜月，把人咸死了。偶尔在小饭馆奢侈一回，把馒头、小菜、丸子汤吃饱，再买两颗糖，一人一颗，很是惬意。

萧军回忆，他俩都有流浪汉式的性格，从不悲观愁苦，过得快活而有诗意。有时，萧军拿着三角琴，萧红扎着短辫，两人衣履随意，在街头且弹且唱，飘洒自如。

情到浓时，万般皆好，好得不讲道理，像捏了万花筒，怎么看都只觉欢喜。

仿佛，只要爱情仍在，野店茅庐，西风古道，都无所谓。

1934年6月11日，萧红和萧军当时已是共产国际驻东北联络员，应中国共产党地下党员舒群的邀请，移居青岛。此时，两萧开始真正意义上的写作了，在青岛，萧军写《八月的乡村》，萧红写《生死场》。

1935年12月，原名《麦场》的中篇小说《生死场》以"奴隶丛书"的名义在上海出版，这是第一部以萧红这个名字署名的作品。鲁迅在序言中称赞说："北方人民对于生的坚强，对于死的挣扎力透纸背；女性作品的细致的观察和越轨的笔致，又增加了不少明丽和新鲜。"

因为鲁迅的推介，萧红成名了。那条风雨长路，总算有了灯火。

冷月残年，文字是她最可靠的栖身之所。

尽管如此，她仍旧走在荒野，形单只影。她的爱情，从来没有圆满可言。

选择了放纵不羁，也就选择了坎坷荆棘。

所谓幸福，只如云烟。

萧红，不后悔，只是不甘心。

情断西安

人生是迷雾里的旅行。

寻常道路，风平浪静，却也平庸俗套。

野径荒原，或许有我们未见的风景。

萧红走的，是别样的道路，于是也经历了别样的悲喜。那条风雨凄凄的路上，总是人影晃动，却又总是阒无人迹。走着走着，就走入了岁月深处，满地落花。

对于爱情，萧红始终不曾磨灭热情。不幸的是，爱情还给她的，却总是伤痕与叹息。其实，她只想要简单的幸福，不需香车宝马，不需广厦华裳，只是两个人依着，不离不弃，粗茶淡饭也好，布衣荆钗也好。

但她终究是失望了。陌生的人间，她只如无根野草。经过她生命的男人，都带着点走马观花的意味，无人能给她荒年里的清淡日子。她注定，带着遗憾远离尘嚣。

突然想，倘若萧红有幸如冰心那样，去过安逸的人生，她是否还能写出那样的文字？若写出来了，多年以后，人们是否还会对她念念不忘？当然，冰心究竟是否安逸，外人无从知晓。

世间之事，尽在月明中。

猜来猜去，就只剩沧桑。

最初，萧红与萧军，曾在困境中营造凄凉的幸福。若就此下去，纵然日子惨淡，萧红大概也是愿意的。是萧军将她从泥淖里救出，她愿意与这个男子携手，度春秋冬夏，看花谢花开。她爱得痴心不悔，而萧军，却并不如她那般痴情。他说，爱便爱，不爱便丢开。所以，与萧红相爱的五年，他在感情上旁逸斜出，每次都戳得萧红流血颤栗。

同时，性格的差异也渐渐地显露出来，所谓的烟火幸福，在不断加深的嫌隙和矛盾中，变得惨不忍睹。当失望日积月累，性情孤绝的萧红，必然会与那个花心的男子，挥手作别。

1934年11月初，两萧因舒群被捕而离开青岛前往上海。12月19日，鲁迅在梁园豫菜馆请客，特意将萧红、萧军介绍给茅盾、聂绀弩、叶紫、胡风等左翼作家。次年，萧红的《生死场》获得成功，萧红的名字被许多人知晓。总算拨开云雾，日子有了些起色，他们却到了决裂的边缘。

萧军，到底是风流文人，乱花迷眼的时候，他总会拾起新的情缘。于他，根本就没有坚贞可言。到上海后，他与别的女子明铺暗盖，因此与萧红之间的冲突日益激烈，直至拳脚相向。

胡风的夫人梅志曾回忆说，朋友们在咖啡店里相聚，看见萧红左眼青紫，问起原因，她解释说是不小心碰的。身旁的萧军却斥责说，是他打的，何必隐瞒。

最初，月白风清，时光静好；最后，山重水复，各自天涯。

爱情，让人痴迷，亦让人幻灭。

镜花水月，才是爱情的本质。流水落花，领悟的时候，往往是这样。

对于萧军移情，萧红在《苦怀》诗中写道："我不是少女，我没有红唇了，我穿的是从厨房带来的油污的衣裳。为生活而流浪，我更没有少女美的心肠。"

她是爱他的，所以在悲伤的时候，还在为他打着圆场。而他，早已在别人的怀里，醉意阑珊。这场爱情，本就是不公平的。她有她的风轻云淡，他有他的柳暗花明。痴情与薄情，对照着世间无数朝秦暮楚者的嘴脸。

到上海后，在鲁迅的关怀下，萧红与萧军已在文坛站稳，不再

为衣食忧心。但这并不能成为爱情的堡垒。当他别有所恋，她必黯然伤神。

但也有人说，萧红与萧军感情生变，与鲁迅有关。世事如谜，是真是假，很难说清。可以肯定的是，那时候，萧红经常去鲁迅家。为情所困的时候，那里几乎是她的避难所。于是，就有了不少让人浮想联翩的画面。

比如那次，她进门，什么话都不说，只是傻笑。鲁迅问原因，她说，天晴了，太阳出来了；比如那次，她穿了一件新的红上衣，到了鲁迅家，谁都没注意到，她就忍不住跑上二楼，问鲁迅是否好看，鲁迅打量后，说不好看；比如那次，她要出门赴约，许广平替她打扮，找来各种颜色的绸条用来装饰她的头发，鲁迅突然说，不要那样装扮她……

对于萧红来说，鲁迅亦师亦友，更有父亲般的温暖。在这个文坛巨匠面前，她没有丝毫的羞怯与扭捏。本来，她就是恣意的女子，做事极是随性。在外人看来，那样的情节却不免带着几分绯色。

萧红最可贵的，就是始终保持了少女的天性。

于是，看万物皆如初见的惊鸿一瞥。

她的天真烂漫，在满心俗念的人看来，便是不伦不类。

当然，她也的确是天真过了头，忘了人与人之间应当保持距离。可以想象，当她时常去向鲁迅家，并且总是待大半天才离开，萧军不可能视若罔闻。他们的矛盾，仍在不断累积着，各自心头早已荒草蔓延。

1936 年 7 月，两萧决定暂时分开，萧红去了日本。身居异地，孤寂无聊，但她写给萧军的信仍充满思念，时常牵挂他的起居健康。

而他，却与她初到日本时同住的好友许粤华两情相悦。许粤华是他们的朋友黄源之妻，因经济原因提前回上海。

如果可以，她愿意在他的河流里漂泊。

但是现在，他的河流里已有别的舟楫来去。

他给了她绚烂的开头，又给了她凄凉的结尾。或许，她早已将这男子看透，但是不到最后，她不舍得与他道别。毕竟，尘世间，他是她最爱的人。尽管，他暴虐，他风流，她还是期待他回心转意。

假如，她足够勇敢，独立于大地上，以孤绝之心，面对世事浮沉，她大概不会活得那样悲伤。但她做不到，她选择了爱情，亦选择了依靠。但是多年后，她终于发现，绕树三匝，无枝可依。

寂寞沙洲，冷得让她绝望。沦落至尘埃，终是无处栖息。

这年深秋，鲁迅在上海病逝。次年初，萧红回国，与萧军短暂和好。但是，感情的创痕已深，再也无法填平。萧红心绪恶劣至极，萧军则觉得，萧红此时说话尽带着醋意。终于，他也幻灭了，觉得萧红与寻常女人并无两样。

开始的时候，她是满眼的柳绿花红。

结束的时候，她是无边的野草风尘。

终于，这场爱情彻底走到了尽头。几经辗转，他们到了西安。萧红向萧军说了再见，郑重而决绝。尽管当时，她已经怀上了萧军的孩子。身为女子，带着爱情的结晶流亡，她是对那个男子彻底绝望了。

孤傲的萧红，可以接受清贫，但绝不能接受背叛。

她曾那样爱他，但是现在，她选择了默然离开。

走得无声无息。爱情最后,只剩凄凉背影。

一川烟草,满城风絮。梅子黄时雨。

万事皆空

岁月没有尽头,生命只如尘埃。

无论是谁,在岁月面前,都应该谦卑。

你可以恣肆飘洒,也可以放浪形骸;你可以纵横四海,也可以笑傲天下。但是最终,你必须低头走在路上,以尘埃的姿态,遇见和离别,得到和失去。

春花秋月,夏风冬雪,都只是刹那的惊艳,生命里更多的是荒凉与无奈。萧红,就文学而言,她算是天才;但在生活里,在红尘世上,她只是个迷途女子,迷惘地行走,终于将自己逼到了尘缘尽头。

1938年4月,已有身孕的萧红与萧军决然分手。她有她的软弱,亦有她的倔强。仔细想想,导致这次萧红出走的,除了萧军的风流,大概还有萧军内心里对萧红人格和才华的漠视。

萧军曾在文章《为了爱的缘故》里说,自己本想去参加革命打游击,因为萧红,他做出了人生方向的牺牲。文章里流露出的不甘心与不值得,让当事人萧红很难过。她甘愿以微尘的姿态,去面对他们的爱情，没想到，这个男子对她的爱是有悔意的，而且还将悔意写出来给世界看。

同时，在萧军的圈子里，以萧军本人为首，非常轻视萧红的文字，在他这样所谓革命男人的眼光看来，萧红的散文根本就是锅边灶台的产物，哪里进得了文学神圣的殿堂。可想而知，萧红听到这些声音时的震惊与突来的清醒。

不管怎样，往事已矣。爱情落幕，各奔东西。

再美的曾经，也不过是岁月尘屑，拾起来只会伤神。

然后，那个叫做端木蕻良的男子，走入了萧红的世界。不浪漫，不缠绵，只是平淡地，收敛了她清瘦的年光。但他，同样不曾给她时光静好。

1937年秋，两萧在武汉认识端木蕻良，后者因长篇小说《科尔沁旗草原》颇受文坛瞩目。好友蒋锡金回忆，他们四人曾像兄弟姐妹般亲密，端木起初没有住处，还曾跟萧红夫妇同住。

端木蕻良曾就读清华历史系，也是当世才子。与粗犷豪放的萧军相比，他是斯文的，亦是秀气的。萧红，这乱世飘零的女子，经历了风吹雨打，加之与萧军的感情分崩离析，遇见端木蕻良这样的清雅男子，渐渐便对他有了好感。

对端木蕻良来说，萧红是恣肆而洒脱的才女，他对她不乏仰慕。尽管萧红有着复杂的人生经历，可以说，她是看惯了风月沧桑，逃婚、同居、未婚先孕，每件事都让寻常男子望而却步，但是端木蕻良欣赏她的性情与才华，所以，他爱情的扁舟蓦然间飘入了她的河流。

爱情，可以只是刹那莲开，与过往无关。

两个人，相遇人海，瞬间将对方看入眼中。爱情于是悄然开始。若计较太多，那便不是纯粹的爱情。

1938年5月，萧红与端木蕻良举行了婚礼。这是不被祝福的婚姻，双方的亲友团都不以为然：两萧有共同的朋友圈，老朋友们对端木那种散漫、疏淡的风格，包括洋派、考究的装束，很是看不顺眼；端木的亲朋好友对有着复杂情感经历并且已经怀孕的萧红，更是鄙夷有加。

但是，萧红与端木却不在乎。选择了彼此，便顾不了别人的冷眼与嘲讽。

如此，纵然不被看好，也算是美丽的开始。至于后来，此时还来不及细想。任性的萧红，总是贪恋片刻的温柔，却忘记了温柔背后，往往有着深不见底的冰冷。

细看萧红生平，在某些人生的关节点，因个性独特导致的非理性选择，总让她置身绝境，仿佛立在悬崖，脚下的石头正摇摇欲坠。可是，她若是理性，也就不是萧红了。纵是万劫不复，也要活得飘洒恣意。这是她的性情。

在婚礼上，她说，她没有别的希求，只想过安定的生活。

经过风雨长路，只求现世安稳。

然而，对她而言，这是何等艰难的事情！身处乱世，烽火连天，她又是那样的性格，想要的安定，实在是遥不可及。

生活在别处。这大概是萧红钟意的。

但也因此，烟火人间的简单幸福，就离她越来越远。

后来的事实证明，在男女情事上，萧红再次犯了错。端木蕻良固然温文尔雅，但是自幼受尽宠溺的他，懦弱娇气，少了些大丈夫该有的硬朗。后来，萧红的朋友胡风甚至说，是端木毁了萧红精神气质的健全，使她暗淡和发霉了。

两人婚后不久，日军轰炸武汉，端木蕻良留下大腹便便的萧红，独自前往重庆。萧红历经磨难到达重庆，端木蕻良连落脚的住所都没有预备。她几次搬家，最后无奈地住到友人白朗家中。1938年年底，萧红在白朗家生下一子，孩子不久即夭亡。

1940年1月，萧红随端木蕻良离开重庆飞抵香港。她在贫病交迫中坚持创作了中篇小说《马伯乐》和长篇小说《呼兰河传》。1941年12月，病情加重的她被送进医院，因庸医误诊而错动喉管手术，不能说话。

外面是炮火连天的乱世，时光黯淡如长夜。

不久后，她孤独地闭上了眼睛，了断了往事尘缘。

彼时，端木蕻良并不在她身边。作为她的丈夫，他很不合格。难怪人们对他指摘颇多。

可他的确是爱她的。他不顾家人反对，以未婚少爷的身份娶了萧红，他知道萧红想要什么，这是他对她的怜惜，不是高高在上，不是施舍，而是他把她当做自己人，同样有才华的自己人。

萧红去世以后，端木蕻良做到了二十年不娶，每年清明都去她的坟头祭奠；后来有了妻子，便跟妻子相伴祭奠；香港去不得了，他来广州祭奠，以期离她的墓地更近；后来广州也来不得了，他便托朋友代为祭奠……

至于那些往事，多年后再说对错，已没有意义。

颠沛流离，聚散离合，戛然而止。生如浮萍，死如尘埃。她说，最大的不幸，是生为女子。那些漂泊的年月让她明白，女性的天空是低的，羽翼是单薄的，而身边的累赘又是笨重的。

萧红终究是去了，在乱世的角落里。

时光落地无声，回首万事皆空。

薄情的世界里，她深情地活过。

唐瑛：岁月如诗，美人如故

路过岁月

人们说,生命如尘,飘零于岁月荒野。

人们说,风华绝代,敌不过似水流年。

却总有人,历经浮世悲欢,仍旧恬然地笑着。

许是深情,许是从容,他们与岁月握手言和,于是人间没了喧响。仿佛,不曾有过聚散得失;仿佛,不曾经过沧海桑田。纵是暮色倾城,依旧灿烂模样,笑看往事如风。

唐瑛便是这样的女子。风雨飘摇的乱世,她在人群中傲然地绽放,又从繁华里飘然地退出。她在她的世界里,恬淡度日,风雨不惊。世事纷扰,人性挣扎,烽火连城,岁月萧条,似乎都与她无关。她要的,只是深情绽放,然后寂静归去。

眉目如画,清扬婉兮。是她。

凌波微步,罗袜生尘。是她。

她是这样的女子,身姿娩婳,笑靥如花,引得无数人流连,却又默然数点着华年。

她是这样的女子，翩若惊鸿，婉若游龙，占尽世间之风情，却又爱着独自的清欢。

华灯初上，遥望从前。于是看到曾经的上海滩，看到灯火下迷醉的人们，以及难以认出容颜的惨淡年月。十里洋场，金迷纸醉；繁华梦里，酒绿灯红。咖啡与红酒，舞步与灯火，乱世里莫名的歌舞升平，生命就在其中，迷惘或者凋零。

她在人群之中，亦在时光深处。旋转的舞步，窈窕的身影，以及从未磨灭的美丽。她是无数人的风景，在人们的目光里辗转，却从不为谁停留。所有的轻舞飞扬，所有的醉意阑珊，都是她对世界的深情告白。其实，她的心底藏着安恬。

于是，转眼之间，她已不在。华丽转身，别了喧嚣，便是别样的人生。

不曾归隐，却已归隐。

后来的岁月，简单的爱情，似水的流年，她过得淡然。

南唐北陆。那个与她齐名的女子，也曾在灯火里风情万种，却终究少了几分恬淡。

她们，同样的明媚，同样的翩然。她们是姐妹，也曾在舞台上，共同将年华与美丽盛放。但她们到底是不同的。陆小曼，爱上诗人徐志摩，却又割舍不下繁华，爱情里亦是横生枝节，终于将人生的故事涂抹得不清不楚。任性后的凄凉，她只能无声面对。

而唐瑛，看惯了灯火迷离，熟悉了众生百态，便悄然离开，仿佛飘出了人海。

月圆月缺，花谢花开。洗尽铅华，她是了然的女子。

优雅地年轻,优雅地老去。

路过岁月,留下欢喜。

这才是人生。

锦瑟年华

春风十里,不如你。

故事里的人们,总是这样说。

故事外,尘烟散漫,世事飘摇。舞榭歌台,风流快意,经不起风吹雨打。

千年以前,扬州城里,豆蔻年华的女子,曾让那多情的诗人心动不已。十年的扬州梦,最难忘的必是那如水的红颜。于是,离别之际,黯然落笔,他说,蜡烛有心,替人垂泪;他说,多情却似无情。

千年以后,十里洋场,灯火摇曳的夜晚,巧笑嫣然的女子舞步飞旋。仿佛如轻云蔽月,飘摇如流风回雪。她放逐自己,在灯红酒绿的地方。人们为她心醉,却没有人,在夜色迷离之时,为她写下平平仄仄的句子。

她配得上春风十里,亦配得上年华如歌。

她是上海滩难得的风景,无数人愿意为其憔悴。

但她，却在迷幻的舞步里，始终保持着清醒。世事变迁，时光流转，她活得悠然写意，从最初到最后，从年少到白头。她的美丽，自始至终。

唐瑛，20世纪，风云变幻的上海，她曾倾情地绽放。那些霓虹闪烁的夜晚，她从人海里走来，又在人海里归去。留下的，是梦幻的身影；带走的，是永远的恬淡。

作为名媛，她几乎是无可挑剔的。美丽与哀愁，翩跹与寂静，被她勾勒得恰到好处。所有人，无论男女，恐怕都会为这样的女子而侧目。她有她的洒脱，亦有她的骄傲。

她在众人之间周旋，亦在繁华之中清醒；

她在酒杯之中欢笑，亦在明月之下寂静。

但人们记住的，仍是她华灯下的美丽。

蔡康永描写他的母亲，是个标准的上海名媛：每天12点起床洗头，做头；旗袍穿得窄紧；心情好的时候，自己画纸样设计衣服；薄纱的睡衣领口，配了皮草；家里穿的拖鞋，夹了孔雀毛。蔡康永像看客一般，望着自己的母亲靠在墙边抽烟，眼光飘忽阳台外。他用了一个词：艳丽。

当年的唐瑛，也是同样的做派。作为名媛，她的生活无比奢华。

据说，唐瑛有十口镶金大衣箱，昂贵的裘皮大衣挂满大橱。即使不出去交际，她每天也要换三次衣服，早上穿短袖的羊毛衫，中午穿旗袍，晚上家里有客人造访，就穿西式长裙。那时候的旗袍滚很宽的边，滚边上绣出各种花样。尤其，有件旗袍滚边上飞舞着百来只金银线绣的蝴蝶，缀着红宝石的纽扣。

可以这么说，衣饰之类，但凡法国贵族小姐所有，则唐瑛不缺。

她有专配裁缝,她记性出众,每次逛街,看到新式洋服,觉得买下并不过瘾,而是将样式默记于心,回家后画出图样,在某些细部做些别出心裁的修改,然后吩咐裁缝用顶好的衣料做出。所以,她穿出去的衣服,别致、时髦而前卫,绝不与人雷同。

民国如果还有哪个女人因为衣服而出名,除了张爱玲便是她了。只是,张爱玲的服装充满了彪炳个性的张扬,犹如俯瞰芸芸众生的一面屏障,打眼却未必合群,透着曲高和寡的孤独;而她,则糅合了小女子的智慧,用丝绸和雪纺娇媚地向世界宣战,得体地把生活包裹成一颗绚丽的糖。

作为上海名媛之翘楚,她必须让自己精致而优雅,不能有半分潦草。

唐瑛1910年出生于上海。其父唐乃安是清政府获得庚子赔款资助的首批留洋学生,也是中国第一个留学的西医。其母徐亦蓁是金陵女子大学的首届毕业生,与著名教育家吴贻芳女士是同学。唐乃安回国后在北洋舰队做医生,后来在上海开私人诊所,专给当时的高门巨族看病,因此,唐家家境十分富足。

唐家的小女儿、唐瑛的妹妹唐薇红八十多岁时回忆说,小时候家里光厨子就养了四个,一对扬州夫妻做中式点心,一个厨师做西式点心,还有一个专门做大菜。

唐乃安笃信基督教,因此,女儿们不仅地位高,而且接受了良好的家庭教育和学校教育。唐瑛当时就读的中西女塾,是宋家三姐妹的母校,也是张爱玲读过的圣玛利亚女校的前身。在学校,这所完全西化的女校,以贵族化的风格培养学生成为出色的沙龙女主人。

在家里，唐家的女孩们除了学习舞蹈、英文、戏曲之外，还修炼着名媛的基本功，即衣食讲究。家里专门养了裁缝做衣服；每一餐都按照合理的营养均衡搭配，几点吃早餐，何时用下午茶，晚饭什么时候开始，都遵循精确的时间表；吃饭时绝不能摆弄碗筷餐具，不能边吃边说话；汤再烫，也不能用嘴去吹。

可以说，唐瑛从小生活在童话里。

美丽如她，优雅如她，其实也经历了多年的时光打磨。

天生的丽质，洒脱的性情。她注定要将姹紫嫣红，点洒在上海的往事里。

经过十几年的精心培养，唐瑛具备了成为名媛的一切条件。既精通英文，又擅长昆曲，跳舞和钢琴则与山水画同样娴熟。实际上，她已从人海里走出，步履从容，风华绝代。

只是刹那，便颠倒了终生。

甚至时光，也因她而迷惘。

回首乱世光年，谁都不能错过这倾世的红颜。她叫唐瑛，在她如水的年纪，出现在人们的视线里。从此，上海滩的光影里就有了她。

没有倾城爱情，没有风月故事。

但是多年以后，她仍在许多人心中，芳华如旧。

面容清丽，身材曼妙，是她；嗓音甜美，衣着前卫，是她；多才多艺，秀外慧中，是她。若非如此，她恐怕也不能成为百里无一的名媛。当年，有个杂志叫《玲珑》，总是鼓励女性要学会社交，并且把她当作名媛榜样。

当然，最惊艳的莫过于那次，英国王室来华访问，唐瑛去表演钢琴和昆曲，赢得了无数惊讶和歆羡目光。当时的各大报纸上登了她的大幅玉照，风头甚至盖过了王室。

她的欢喜，尽在心底。

她喜欢琴弦上的悲喜浮沉，亦喜欢舞台上的起承转合。

同时，她也喜欢灯光下的身影如风。当年，在上海百乐门的交际舞会上，风情妩媚的唐瑛占尽风头。哪天舞池里看不到她的倩影，四座就会为之不欢。

她是翩跹的蝴蝶，在舞池里穿梭，以优雅，以从容，刻画着年华如歌。

舞低杨柳楼心月，歌尽桃花扇底风。那些年，她就是这样。

锦瑟年华，春风十里。自有去处。

风景独好

来到人间，便是与岁月结了缘。

聚散悲欢，浮沉起落，皆是人生必经的章节。

若能了悟看淡，时光便也对你无可奈何。

她是洒脱的，于寻常的人间，看不寻常的风景。舞池里旋转的，是她华丽的身影；月光下沉默的，是她寂静的心事。狂欢过后，她总会回归到自己的世界。人们看到的，只是她华服下的飘洒肆意。

▲ 唐瑛（由中国第二历史档案馆提供）

唐瑛：岁月如诗，美人如故

风云变幻，喧嚣挣扎，似乎都与她无关。她很清楚自己想要的是什么，所以她活出了别样的人生。最初的风华绝代，最后的寂静如尘，皆是她无悔的选择。

此时，仍是最初。她年华正好。

她在她的上海滩，迷醉而清醒地活着。无数人对她流连，她却只钟情于自己。所以，她只要时光里的倾情绽放，不要灯火下的卿卿我我。

或许可以说，旧上海才是真的上海。如今，车水马龙犹在，灯红酒绿仍在，但这座匆忙的城市，却少了当时的醉意与风情。旧上海是陈年美酒，于斑驳光影里飘着淡淡幽香；旧上海是华丽画卷，于残破岁月里营造风华绝代；旧上海是婉约的歌，于灯火阑珊处唱出沧海桑田。

唐瑛，就在这样的旧上海，看身边迷醉的人们，来的来，去的去。

那时候，上海女子大都喜欢旗袍。可以说，旗袍之于那年月的上海，是无尽的妩媚与妖娆、性感与风情。恐怕，也只有精致而矜持的上海女子，能将旗袍演绎得千姿百态。

旗袍是诱惑，亦是拒绝，东方女子半遮半掩的性情，尽在其中；旗袍是内敛，亦是高贵，无意间倾泻着孤傲任性里的柔情万种；旗袍是美丽，亦是哀愁，它会将不相干的你拒于千里之外，更会将自己流放在时光里恣意漂泊。

所以，唐瑛对旗袍情有独钟。她的衣箱里，最多的是旗袍。可以想象，这翩若惊鸿的女子，身着妖娆旗袍，从纸醉金迷的十里洋场里袅袅走来，香肩、蜂腰、玲珑迷人的曲线内敛地演绎着典雅风情，那必是惊艳如烟花的。

但她要的，不只是这烟花般的刹那美丽。

她是红颜，却不曾落入红颜薄命的轨迹。

她是风景，却不曾经历山重水复的黯淡。

于她，时光从来都是清浅如诗的。

相比之下，与她齐名的陆小曼，人生就惨淡了许多。人们说，南唐北陆，只因她们皆如多情蝴蝶，在人群中翩然飞舞。同样的美丽，不同的性情。于是,尽管她们都曾尽情绽放,人生的道路和结局却是大相径庭。

陆小曼来到上海后,与唐瑛惺惺相惜,很快就成了好朋友。尽管如此,她们仍是很不同。陆小曼的生活重心是社交和爱情,她就像向着爱开放的向阳花,需要外界不停地滋养和浇灌,否则,便径自萎谢了。在追求爱情与关注的路上,陆小曼有点儿神经质的任性、孩子气的偏激,和膨胀的自恋,她那不计后果的行事方式常常让自己和他人都陷入困境。

唐瑛则不同,她活得明明白白,小小年纪却有着上海女人特有的聪慧和精明,许多事都了然于心。她就像枝蔓清晰的白桦,从不轻易发散无谓的枝桠;她又像绚烂的郁金香,纵然光彩照人,却无刺无害,从不争抢别人的光华。她没有那么多华丽的烦恼和奢侈的忧伤,这样恰到好处的感性和理性,对于女人,是难能可贵的两全。

所以,无需轰动的婚姻和花边新闻,她已是风景独好。

拿得起,放得下。于是人生轻描淡写。唐瑛就是如此。

她们都喜欢戏剧。1927年,在中央大戏院举行的上海妇女界慰劳剧艺大会上,陆小曼与唐瑛联袂登台演出昆曲《拾画叫画》。翌日,报纸上刊登两人的大幅戏装照,陆小曼轻摇折扇,唐瑛款走台步,可谓珠联璧合,相得益彰。

1935年秋,唐瑛与沪江大学校长凌宪扬在卡尔登戏院用英语表演京剧《王宝钏》,这是英语版的京剧在国内首次演出。唐瑛不仅扮相美丽,戏路娴熟,她所受到的热捧,许多女明星望尘莫及。

在洪深编导的话剧《少奶奶的扇子》中,她穿着曳地长裙在百乐门飘然走出，人们早已沸腾。可以说，她是舞池里的蝴蝶，亦是戏台上的缪斯。

于是，拜倒在她石榴裙下的男子数不胜数。而她，却选择了沉默以对。

不仅是矜持，不仅是挑剔。而是，她不愿轻易落入情网。这倾城的女子，至少在当时，更喜欢独自的海阔天空。情缘，她不是不要，只是未到时候。

她的尘埃落定，必在风轻云淡之时。

所以，她拒绝了杨杏佛，亦远离了宋子文。

那时候，杨杏佛是孙中山的秘书，与徐志摩和陆小曼是好友，而徐陆二人又是唐瑛家的常客，因此杨杏佛顺理成章地结识了美貌出众且风情万种的唐瑛。

当时的陆小曼还未与王赓离婚，而她与徐志摩的恋情已经传得沸沸扬扬。这边厢，杨杏佛又苦恋上美丽的唐瑛，而唐家却已经为唐瑛定下亲事。唐瑛未来的丈夫叫李祖法，从耶鲁留学归来。而杨杏佛正好又认识李祖法，并且形同兄弟，因此进退维谷、形容憔悴。

当时的唐瑛、杨杏佛、李祖法与陆小曼、徐志摩、王赓，成为上海滩最著名的两对"三角恋"。1925年下半年，为了解决这个难题，著名画家刘海粟应徐志摩的请求，决定开一个饭局。这就是近代史上著名的"最尴尬的一个饭局"。

那天刘海粟在上海功德林菜馆请客，把陆小曼、徐志摩、王赓、杨杏佛、唐瑛、李祖法、唐腴庐、徐志摩前妻张幼仪哥哥张歆海等，与这六个情债冤家有关联的人都请在一起，吃了一顿饭。

席间，刘海粟高谈阔论，在祝酒时以反封建为话题，先谈人生与爱情的关系，又谈到伉俪之情应建筑在相互之间感情融洽、情趣相投的基础上，没有爱情的婚姻是违反道德的。

就在这个饭局后，王赓后来同意同陆小曼离婚，成全了陆小曼与徐志摩的爱情。而唐瑛这边却明确地拒绝了杨杏佛。杨杏佛失望而归。1933年6月18日，杨杏佛驾车外出，被设伏特务枪杀于上海亚尔培路。

落花有意，流水无情，她是幽雅的唐瑛。

岁月之上，往事之前，她从来无愧于心。

她是这样的女子，生于乱世，置身繁华，却又不忘初心。她长袖善舞，于迷离灯火处燃尽风华；她风情万种，于疏离往事里魅惑众生。但她，却始终带着几分悠然，几分恬淡。正因如此，她的美丽才经得起时光雕琢。

半亩尘缘

都说时光无情，不为谁停留片刻。其实，时光如月，照看着世间万千聚散离合。若能不忘初心，与时光握手言和，便能少几分寥落，多几分悠然。

都说红尘似海，无舟楫可以泗渡。其实，红尘陌上，你我皆是

异乡的行客。若能活得恬淡，不畏将来，不念过往，自可穿越沧桑。扁舟本就在心里。

荒烟蔓草年月，生命没有着落。

总有人迷醉着，忘了来路与归途；总有人挣扎着，不知今夕为何夕；总有人扭曲着，失了本心与自在。却也有人，从容度日，默然看尽花谢花开，仿佛时光从来无恙。

乱世的红颜，总是带着几分悲凉。在无休无止的喧嚣与纷扰中，她们不得不渐渐卸去芳华，以浮萍的姿态，面对世事浮沉。很少有谁能够做到恬然自处。

唐瑛，同样生于乱世，却总是那样，飘飘洒洒，悠悠淡淡。她的美丽，几乎不曾褪色，就仿佛岁月不曾经过。鲜妍地绽放，飘然地归去，她是这样的女子，几分恣肆，几分安恬，几分洒脱，几分寂静。

1927年，对时尚颇有心得的唐瑛与陆小曼等人创办了"云裳服装公司"。云裳服装公司的形象代表就是唐瑛和陆小曼。公司的开幕典礼上明星云集，吸引了上海媒体的眼球，各大媒体争相报道。

唐瑛聘请了从法国和日本学习美术回来的江小鹣为云裳服装公司的设计师。此外，开业时，唐瑛和陆小曼还亲自在店内为顾客试穿新衣，相当于巴黎高级时装店的专业模特。两大名媛登高一呼，自是从者不计其数。

当年冬天，上海以及附近的南京、苏州、无锡等城市的大街上，凡是有时髦女子出现的地方，就会有一道道由云裳牌大衣组成的亮丽风景。很快，云裳牌大衣走向北京和天津等地，成为时尚女性不可缺少的冬日装扮。

那时候，全国各地的摩登女郎、交际名媛、影剧明星们都喜欢在旗袍的式样上做文章。唐瑛的服装公司是旗袍式样的大本营。

唐瑛，不只是舞池里翩然的蝴蝶，亦是引领时尚的红颜。对于旗袍，她的钟情不输任何人。七十年代时，唐瑛回国探亲，六十多岁依旧着一身葱绿旗袍，眼波流转间沧桑湮灭，举手投足时岁月回溯，恍如葱茏少女，丝毫没有老妇人的龙钟疲态，处处透着长年优渥生活淬出来的精雅韵致。

从始至终，不着痕迹。是她的美丽。

飘然写意，进退得宜。是她的人生。

她知道，什么样的年月，适合去绽放；她知道，什么样的男子，值得去托付。尘缘之前，她仍是无比清醒，从不会失去分寸。所以，杨杏佛虽然痴恋于她，却只看到她华丽淡然的转身。

在她众多的追慕者之中，还包括了当时赫赫有名的宋子文。世人皆知盛家七小姐与宋子文的爱恨情仇，而唐瑛与宋子文的这段恋情却不太为人所熟悉。或许，因为唐瑛把爱恨纠葛的事情处理得太清楚，便少了百转千回的故事。而人们，也少了捕风捉影的去处，以及茶余饭后的谈资。

唐宋两家是世交，唐瑛的兄长唐腴庐与宋子文是同窗好友，都曾在美国留学。回国后，唐腴庐成了宋子文的秘书。不过，唐家人对从政的人颇有成见。唐瑛的父亲唐乃安始终认为，一朝天子一朝臣，在他的观念里面，与政治扯上关系并不是什么荣耀的事情，反倒可能为家人带来不能预知的麻烦。没想到，他的顾虑真的发生了。

唐腴庐觉得父亲世故，并没有顾忌父母的话，不但与宋子文来往密切，还常常把他带回家来。于是，宋子文结识了唐瑛。

故事开始，静默如画；故事结尾，花落无声。

往往是这样，沧海与桑田，中间是黯然伤神。

不知哪天，他们相遇；不知何日，他们诀别。

总之，只是刹那，这明媚清雅的红颜，就住进了那男子的心里。爱情这件事，就是如此，说不清，道不明。有些人苦苦追寻不离不弃，却终究渐行渐远；有些人只是对望的瞬间，就成了彼此眼中的奇迹。

世事如谜，他们也算有缘。至少，年华正好的唐瑛，很快就让宋子文醉意阑珊了。他以他的方式，开始了对她的爱情攻势，炽热的情书不断被呈递到唐瑛的梳妆台上。他想着，那些情致绵绵的文字，定能敲开她的门扉。

而唐瑛，依旧保持着平静与矜持。谁都不知道，相遇的时候，她是否曾经欢喜；谁都不知道，在他为爱痴狂的时候，她是否心起涟漪。她永远是那样，如幽兰般安静。或许，辗转于人群之中，她早已将世间男子的面目看清楚；或许，流连于舞榭歌台，她不愿染指俗世的爱恨情仇。

她的心事，少有人知。

人们知道的是，他比她年长16岁，他前途不可限量。

唐瑛很清醒，知道该情归何处，该在何处锁上心门。

只是这次，纵然她心中欢喜，却也不得不无声了断。

1931年，唐腴庐被刺杀了。这件事让唐瑛与宋子文之间若有似无的情分，彻底画上了句号。当天，唐腴庐和宋子文本来准备到上海的火车站乘坐早晨的火车离开。不巧的是，当日唐腴庐的穿着打扮与同行的宋子文极为相似。两人坐车到达火车站之后，唐腴庐首先下车朝火车走去。这时突然有人放出烟幕弹来，随即一片烟雾散开。宋子文见到烟幕弹后，立刻警觉地钻到车下。与此同时，烟幕中传来一阵枪响，唐腴庐应声倒地。

来不及手术，唐腴庐便去世了。这次刺杀事件震惊了上海滩。当时有很多传言说唐腴庐是因为帮宋子文挡子弹，所以被杀的。此后，唐乃安对政治以及政治人物深恶痛绝，更是不许唐瑛与宋子文往来。

宋子文侥幸不死，他对唐家的人既内疚又感激。也正因为如此，他不愿再打扰唐家的生活，于是打消了继续与唐瑛交往的念头。痴情地爱过，无奈地转身，缘分注定如此，谁都没有办法。

至于唐瑛，在宋子文转身离去的时候，是否有过悲伤，无人知晓。灯红酒绿的地方，她有她的恣意；月白风清的时候，她有她的沉默。

只是那二十几封情书，始终深锁在唐瑛的抽屉里。

他转身，叹息无数；她默然，心事无痕。

半亩尘缘，长不出花前月下。

步步莲花

永远是这样，你如何对待生活，生活也便如何对待你。于是，同样的红尘异地，有人活得寥落，有人活得安闲；有人活得黯淡，

▲唐瑛女士仿著名影片《二孤女》中的戏装（由中国第二历史档案馆提供）

有人活得清朗。心境不同，生活的色调也便不同。

活在珍贵的人间。若能明白聚散皆缘，或许就能步步生莲。

诗情画意，浅酌低唱，是人生；不急不躁，悠然自得，是人生。原本，人生可以是写意和自在的。可是看遍红尘，多的是匆忙的脚步，少的是恬淡的情怀；多的是无味的追逐，少的是飘然的放下。于是，人生也总是阴晴无定。

唐瑛是这样的女子，身处乱世，心中却仿佛永远清平。许是她早已明了，飘洒快意也好，黯淡惆怅也好，时光总不会停下脚步。于是，她选择了享受人生。任何情境下，心中泯然愁苦和怨怼，她懂得从每个细节呵护自己。纵然被冷落，依旧是自己的风景。这才是永远的美人真正的底气。

对于爱情，她亦明白，该舍就舍，该放就放。

在她的人生中,男欢女爱之事,很简单,很平淡,没有细枝末节,没有桃红柳绿。

从何处开始,从何处结束,她处理得直白而干脆。

她是为快乐而生的女子,无论何时,她最爱的永远是自己的美丽。情爱于她,只如月色,远没有万千宠爱来得真切。就如其妹唐薇红所言,唐瑛爱玩,爱打扮,爱跳舞,爱朋友,爱社交,爱一切美丽和奢侈的东西。这样的嗜好,她到老都不曾改变。

她是永远的红颜,终身追求极致的美丽。寻常女子,总是这样:会为孩子的夜半啼哭牵肠挂肚,早生华发;会为公婆的不待见愁肠百转,眉间纹加深;会为丈夫的不省心黯然神伤,皮肤下垂;会为家务琐事劳心费力,眼窝深陷;会为升职无门郁闷不甘,脸色黯淡。甚至,那些无疾而终的爱情都能让她们伤筋动骨,憔悴不堪。

在人们印象中,唐瑛不是这样,她甚至有几分六根清净的决绝。她保持了终生的美丽,很少为琐事犯愁或纠结。拎得清,看得开,所以她活得清淡。她从不会为那些虚无的梦想或者镜花水月的爱情堵上命运。

寻常女子的那点喜怒哀乐不过是拈花弹指:世事变迁于她,仅仅是人生舞台的布景板更换;爱断情伤于她,犹如换了个男主角,却依旧配合地演好对手戏;生儿育女于她,仿佛剧本里安排的戏份,归宿已定,何必糟心;繁杂琐事于她,更是不值一哂的皮毛。

后来,她虽然有过两次婚姻,但关于她的婚姻往事,却总是简单而平淡,不需多少笔墨就能从开始写到结尾,仿佛中间不曾有过浮沉悲喜。

在最美的年华，她嫁给了沪上豪商李云书的儿子李祖法。至少，看上去他们算是门当户对，珠联璧合。不管是否心甘情愿，乱世之中，她将年轻的自己托付给了他。过着许多女子梦寐以求的豪门生活，开始的时候，她也觉得惬意。

唐瑛仍维持着交际花的排场，继续风光无限地生活着。

人群中，翩翩起舞；灯火里，魅惑众生。

于她，只有如此，人生才算是美到了极致。

李祖法留法归来，时任水道工程师。他性格内向，喜欢安静，不喜欢交际，不喜欢妻子花蝴蝶般的生活，亦不喜欢她的照片总出现在报纸杂志上。因为性格的天渊之别，这段所谓的好姻缘，终于灰飞烟灭了。1937年，他们扯断了婚姻的线，6岁的儿子李名觉跟了父亲，后来成为美国著名的舞台艺术家。

2011年，上海美术馆举办了李名觉舞台设计回顾展览，整整十天，展厅里人头攒动，川流不息。对这次展览趋之若鹜的，或者是文艺中青年，或者是老上海人。

前者是冲着李名觉去的。只因，李名觉是舞台设计领域之翘楚，曾荣获美国艺术人文类最高奖，他在百老汇的作品《奥塞罗》《麦克白》《伊蕾克特拉》《等待戈多》等等，影响了整整一代美国人。

后者衣着隆重，犹如参加宴会，为的是寻找李名觉母亲的影子。那个著名的母亲，就是唐瑛。即使是多年以后，她仍在许多人心中，翩然舞动着风华。作为名媛，她足可以笑看前尘往事。

离异后的唐瑛，在社交场上更加如鱼得水。她还年轻，上海滩的繁华与绚烂，她都要细心体会；年华里的恣意与飘洒，她都要尽情绽放。但她到底是清醒的，该收敛的时候自会收敛，该舍却的时候自会舍却。

若非如此，后来的日子不会那般清淡。

繁华如梦，总有烟消梦断之时。若不能及时抽身，只会落得凄凉。

唐瑛最终的归宿是北洋政府总理熊希龄的侄子熊七公子容显麟。

容显麟是当时美国美亚保险公司的中国总代理，不过他并非貌比潘安的美男子。在常人眼里，她跟唐瑛并不配，他个子比唐瑛矮，人也长得不好看。可是他为人活泼大方，喜欢社交，爱好多姿多彩，跳舞骑马钓鱼，他样样精通。

他们之间，如画与墨的关系，画因墨而美，相得益彰。

最重要的是，他懂她。美丽与哀愁，悲伤与欢喜，凡是她的，他都懂得。

千帆过尽，她终于等到了这个懂她悲喜的男子。

于是这次，她真的尘埃落定了。很快，他们便结了婚。

她愿意为他，洗尽铅华；亦愿意为他，远走天涯。

1948年，唐瑛随丈夫远赴香港，接着移民到了美国。容显麟仍干老本行，在美亚保险公司当部门经理。1962年容显麟去世后，唐瑛就住到儿子隔壁的一个单元。白天跟亲戚朋友们打打牌，借以活络活络脑子。家里常年朋友不断，四张麻将桌子都是固定的，她常去坐坐，手气不错。

晚年的唐瑛，是个知足的老太太。她像许多普通老妇人那样，为儿子和三个孙子骄傲。她带孙子们看戏、看电影，回来吃她自己做的点心。据说，她炒的芹菜牛肉片比饭馆里的还好吃，吃过她包

的馄饨，饭馆的馄饨也不要吃了。

　　浮光掠影，是日子；聚散离合，是人生。

　　不管是谁，总要在某年某月，与这飘渺的红尘，无声作别。

　　那时候，才会明白，繁华萧瑟，悲喜浮沉，只是浮生烟云。

　　梦醒时分，我们已在遥远的彼岸。

　　1986年，唐瑛在纽约的寓所里静静离世。在她手边，有直通儿子李名觉房间的电铃，但她从来没有碰过，她也不用保姆，一切都是自己打理。她走得清清爽爽，依旧干干净净，从容恬淡。知道消息的人很少，人们宁可相信她仍旧活在遥远的地方。

　　这乱世的红颜，人生少有波澜。所谓命运无常，与她没有瓜葛。甚至，她从来没有打扰别人。从喧嚣到寂静，从华丽到安恬，她活得洒脱。

　　来与去，聚与散，她早已了然。

　　人生如梦，念念清风；

　　岁月如酒，步步莲花。

石评梅：爱到静默,烟月无边

杯中往事

遥望千古人间，满目荒烟蔓草。

酒杯里的世界，起起落落，浮浮沉沉。

远去的，是悲欢离合；留下的，是沧海桑田。

独倚层楼，蓦然间发现，人生不过是在梦里。是非恩怨，转头即空；缘起缘灭，不过刹那。多年以后，遇见的人，看过的景，都已不在，面对苍茫的世界，只能满心荒凉地问自己，只影向谁去。

春花秋月，高山流水，不过去日风情。无垠时光，我们终须坦然面对。

那年在北京，独自在陶然亭公园，遇见那流星般转瞬即逝的女子，于是停下来，向那远去的故事打探许久。原来，那场未得完满的爱情，也能让人感动得泪眼迷离。

她是石评梅。许多人对她的名字并不熟悉，与民国那些恣肆飞扬的红颜相比，她实在太过沉寂。她在她的世界里，走得无声无息，只如微尘。她不要炽烈，亦不要鲜妍；她不要飞扬，亦不要娇宠。

她要的，只是静默地面对岁月流光。

但她，却是与张爱玲、萧红、吕碧城齐名的民国才女。她的文字婉约清雅，不输于当时任何人。遗憾的是，许多部文学史，对石评梅的名字竟然都只字未提。许是她太沉默，便被整个世界遗忘了。

她是感性的，亦是悲观的。

她是诗性的，亦是孤独的。

来得匆忙，走得寂静，但她的人生绝不苍白。曾经，她也深沉地爱过，却被爱伤得遍体鳞伤，于是从此，她拒绝世间情爱，只爱独自的风月年华。

她是石评梅，骨子里的悲凉与绝望，让她无法放下从前。她流向那条河，交付了所有热情与风华，却落得满心凄凉。在那以后，她不愿流向别的河流。于她，爱情里没有回头路可走。

于是，后来的年月，尽管高君宇爱得痴狂，她终究不曾为他打开门扉。不是她矫情，不是她不爱，而是伤心的过往，永远在她心间，猎杀着她对于爱情的梦想与渴望。伤得太重，她实在是不敢再爱。想必，她也不愿伤害那个痴情的男子，但她真的没办法，万丈红尘，她已和爱情道了别。

终于，他饮恨而去；几年后，她也香消玉殒。

生前，他们若即若离；死后，他们不离不散。

离开的时候，她终于明白，爱早已在心底，从未黯淡过。

爱情，未必就是相守相依。隔着天上人间，仍能不离不弃，何尝不是爱到了极致。梁祝化蝶，要的不是烟火人间的执手相望，而是时光之外的不怨不悔。

石评梅与高君宇，当年他们甚至不曾牵手。可是，多年以后，他们在陶然亭公园里，靠得很近，早已没了距离。其实，他们早已深沉地爱过，只是远离了俗世的爱恨逻辑。

那血色的浪漫，经历了时光磨洗，仍旧感动着许多人。

石评梅的学生李健吾说，她是诗人，人生亦如诗，充满了飘渺的绝望与哀伤。我们看见她的笑颜，煦悦与仁慈，却看不透那浮面下所深隐的幽恨；我们遥见孤鸿的缥缈，高越与卓绝，却聆不见她声音外的声音。

石评梅，如果可以，她大概愿意在杯里沉醉不醒，但她却不得不清醒地面对世事悲欢。

当然，醉与醒，聚与散，谁都说不清。

我们活在苍茫的人间，但也许，我们只是醉在飘渺的梦里。

所有往事，都在杯中；甚至世界，也在杯中。

她的往事并不风流。风流的，是那个风花雪月的年代。

评梅女子

那些我们不知道的，就是命运。

红尘之上，我们只是浮萍浪迹，来自哪里，去向哪里，都无从知晓。

人生，不过就是流浪，无所谓起点终点，重要的是，在那条未知的路上，到底能遇见怎样的风景。

  石评梅，她是世间少见的才女。她的才华与爱情，都足以惊艳时光。她可以在独自的世界里，放浪形骸，诗酒流连。但在光阴的棋局里，她也只是无力的棋子。

  只是最初，谁都不知道人生的河流会流向何方。

  石评梅，山西省平定县人。乳名心珠，学名汝璧。因自小爱慕梅花，自取笔名石评梅。许是冥冥中自有天意，后来，在那些悲伤的年月，她只能独自人间，如梅花傲雪。

  疏影横斜，暗香浮动。终究要零落成尘。

  她走得匆忙，却似从未离开。她是评梅女子，有梅花的人间就有她。

  石评梅出生于书香世家，父亲石铭是清末举人，但不迂腐，不守旧。辛亥革命后，他剪掉辫子，走出大山去了省府太原，曾任省立图书馆馆员和中学教员。他学识渊博，学生众多，高君宇、高长虹等都是他的得意弟子。

  母亲虽是续弦，但在石铭46岁时生下女儿石评梅，也算是老来得女，自然从小千疼百爱，石评梅被视为掌上明珠。她自幼聪明好学，在父亲的熏陶下，四岁时能读三字经、千字文，继而四书五经、五古七绝、圣人故事、稗官野史，广览博猎。

  石评梅12岁时就考入山西省太原女子师范。在校期间，她各科成绩优秀，琴棋书画、诗词文赋均很出色。特别是她的风琴演奏相当出色，屡屡获得老师好评，闻名遐迩。16岁那年春节，在家家挂贴年画时，爱梅的石评梅情感油然而生，立即泼墨画了一幅雪中盛

开的梅花图，栩栩如生，并给自己的画配诗：

有梅无雪不精神，

有雪无诗俗了人。

日暮诗成天又雪，

与梅并做十分春。

天寒日暮，踏雪寻梅。分明，她便是从古诗里走出的女子，几分孤清，几分翩然。她喜欢梅的红，亦喜欢雪的白，红白之间，世事如谜。

她喜欢在那红白之间，安静地伫立，飘然地来去。因为欢喜，她忆起了平平仄仄，于是也忆起了韵脚上的画意诗情。终于，她走入了画面，回到了遥远的从前。或许，云天下的春花秋月，细雨中的流水小桥，才是她梦里常去的地方。

但她，却出生于乱世，于烽烟弥漫的大地，长成和爱恋。

如花的年岁，雪中独自吟咏的她，兴许也曾幻想过，翩翩的白衣秀士从远方赶来，趁着月色与清风，仔细收藏她的心事与年华。

可惜，她等来的，却是那段惨淡的故事。当真正的良人到来，她的心只剩荒芜。

这是注定的悲剧，性情如此，谁也无法。

而此时，她绝不会想到，此后的人生会走得那般凄凄惨惨。

花落花开，自有定数。梦里人生，雾霭重重。

那幅画面世之后，引得县城不少知名学者前来欣赏。从此，石评梅的名字便四面传开，她也因此被誉为晋东小才女。石评梅以梅自喻，在太原师范期间为弘扬正义，参加了女师掀起的反封建学潮，曾被校方除名，但学校后来惜其才学，又恢复了她的学籍。

1919年，18岁的石评梅考入北京女子高等师范学校。她原拟报考北京女子高等师范学校国文系，但恰逢当年学校国文系不招生。无奈之下，石评梅权衡兴趣，选择读了体育系。

这一年，也就是民国八年。在遥远的德国，一个叫希特勒的人加入了德国工人党，这个组织后来的名字叫纳粹党。在法国，第一次世界大战的战胜国在凡尔赛宫召开和平会议（巴黎和会），分配胜利果实。中国从德国手中收回青岛的要求被拒绝，丧权辱国的二十一条约也未被取消，更是把德国在山东的利益转让给了日本。

这一年，举世闻名的五四运动爆发。曾参与签订耻辱条约的曹汝霖、章宗祥、陆宗舆被列为主要目标，曹汝霖位于赵家楼胡同的宅院被一把大火烧燃，来不及逃走的章宗祥被学生痛打。这场大火烧红了旧中国的半边天空。

乱世的时光里，所有的思维与逻辑，都被烧得炽热。爱恨情仇、悲欢离合，都变得沉默不语。只剩匆忙的人们，肆意地赶着流光，往未知的新生活里去。

石评梅仍是那个石评梅，经历着世事的动荡与变迁，她的骨子里仍是感性而诗意。那踏雪寻梅的女子，从未从画里走出来。只是，对于爱情，她有了不同的认知。什么三妻四妾，什么三从四德，早已没了踪影。

她要的是纯粹的爱情，不能有半分渣滓。

两个人，从远方赶来，走入对方的世界，从此两不相离。

你为我写诗，我为你煮酒，清清淡淡，流年似水。

她是唯美主义的。在她的心中，容不下欺骗与背叛，也容不下三心两意。若非如此，她大概也不会被伤得失去爱的勇气。

在学校，石评梅结识了庐隐和陆晶清，因身世相近、情趣相投，她们很快成为至交，形同姐妹。庐隐长石评梅四岁，为人豪放、热情，有才气，时与冰心齐名。石评梅与陆晶清的关系则更近些。陆晶清常读石评梅的诗文，很是钦羡。当她获知石评梅是自己的校友时，便慕名求教。她俩不仅有共同的爱好，也有共同的抱负。飘零异乡，感情甚笃。

那时候，石评梅开始参与编辑《妇女周刊》《蔷薇周刊》，并在各类文学杂志上发表诗歌、散文、游记、小说，尤以诗歌见长。曾经，许多人称她为北京著名女诗人。

不过，于这乱世的红颜，声名不过是过眼云烟。

她只愿，吟风赏月，煮酒写诗。旧时的规矩，她熟视无睹。旧时的情怀，她却是熟稔于心。在她的故居，花园中如今还有百年洗砚池，据说她每次回家，都会在这里吟诗作画洗砚台。她是这样诗情画意的女子，只是命运，太过冰冷。

石评梅在北京女高师毕业后，女高师校长许寿裳亲自向附属中学校长林砺儒推荐，石评梅担任母校附属中学的女子部主任、体育教员，由于国学功底厚实，石评梅又兼任国文教员，是全校授课钟点最多的教员之一。

对待工作，兢兢业业，无怨无悔；

对待学生，温暖亲和，润物无声。

她是这样的女子，诗性里有温情，清婉里有悲凉。

她是诗画里袅娜的红颜，却又是乱世烟云里的寻常女子。可叹的是，几分执念，葬送了该有的幸福。若她能放下前尘往事，与那痴情男子携手，人生也不至于那般凄惨。

但她，不曾放下。于她，爱情是单程的旅行。

于我们，那是命运无常。

爱到心灰

青梅枯萎，竹马老去，从此我爱的人都像你。

痴情的人，到底如此，纵然离别，仍不忘最初的美好。

但是，红尘俗世，红男绿女，有几人能配得上这样的念念不忘？

朝秦暮楚，走马观花。爱情里，许多人竟是这般模样。但是，真正的爱情，应是月朗风清的，纵不能执手到老，至少不该虚与委蛇，两意三心。

后来的岁月，对于那场惨淡的爱情，石评梅大概是不愿回首的。最美的年华，乱世的红颜，爱得几乎忘了自己。她交付了所有的真心，换来的却是满地落花。于是从此，她关上了爱情的门。于她，所谓爱情，只如坟茔。

原来，爱可以让人上天入地，亦可以让人心事成冰。

虽然不堪回首，终须从头说起。

那是个清冷的秋天，故事的开头和结尾，都染着秋色。湛蓝的相遇，血红的悲伤。

那年，石评梅考入了北京女子师范学校。这心比天高的女子，憧憬着远方天空下的悠然绽放。父亲虽然知她心意，但总割舍不下，于是辗转托人，最后把她托付给了自己当年教过的学生，当时已从北京大学毕业的吴天放，并嘱咐他多方关照自己的爱女。

谁都没想到，这样的托付，竟成了石评梅终身的悲剧。

吴天放毕业于北大，可谓是风流倜傥。他做的是文字工作，颇有几分文人雅士风范。若非如此，孤傲的石评梅也不会轻易为他开启门扉。

当时的石评梅，正值花样年华，又是蕙质兰心，遇见她的时候，吴天放不禁怦然心动。想必，对于任何男子，这个评梅女子，都是极佳的景致。可惜的是，风景之外，那看景之人却不如表面那般清澈。

因为心动，所以在赴京的路上，吴天放百般献殷勤，替石评梅拎行李包裹，将他的绅士风度表现得淋漓尽致。当然，除了殷勤，他也不忘侃侃而谈。如此，渐渐地，石评梅便觉得与他投缘。

进京不几日，吴天放邀石评梅逛公园，又在"来今雨轩"吃饭。席间，吴天放故意把话题转向梅花，然后适时地从包里取出一叠静美的印花信笺，笺面每页都有一枝梅，形态各异，并有"万花敢向雪中出，一树独先天下春""江南无所有，聊赠一枝梅"等古人咏梅诗句，下方印着"评梅用笺"四字。

石评梅，到底是涉世未深，这意外的惊喜，让她兴奋莫名。她只是个少女，懵懂地看着世界，纯净如山间清泉。所谓世事难料，此时她并不知晓。

她只是欢喜，因了这遇见。

那天，吴天放还大谈南宋范成大的《范村梅谱》，风度翩然，才情如饱学之士。石评梅暗自窃喜，忍不住问他为何会研究梅花谱。

因为我爱梅。这是吴天放的答案。石评梅自然听出了弦外之音，羞涩之余，不禁为自己觅得知己而愉悦不已。但她不知道，她已落入了吴天放的棋局。下棋之人，还为她准备了那些美丽的桥段，她却从未设防。

她默然花开，他步步为营。

刹那的遇见，永远的伤痕。

他们的故事，绝非缘起缘灭那么简单。

其实，那日的情境，不过是他精心设的局。那天在火车上他见她手绢上绣有梅花，猜度她爱梅，回京后便跑图书馆，遍览有关梅的诗文，并印制了这册"评梅用笺"。原来，所有的风度与诗情，都不过是彩排后的认真表演。

但是这些，石评梅并不知晓。之后，隔三差五，他们总会再相邀，把盏品茗，谈诗论赋，纵论古今。吴天放以他的心计，以他的风雅，搅乱了石评梅的心湖。

少女心事，悄然间染上了粉红。于她，这个谈笑风生的男子，仿佛便是月光下打马而来的白衣秀士。她愿意为他，舍弃弱水三千，去体验烟火人间的味道。

爱得深沉，她几乎忘记了自己。苍茫的人间，她只愿与那男子携手，从日出到日落，从少年到白头。不离不弃，生死相依。纵然，布衣荆钗；纵然，古道天涯。她对爱情的理解，就是这样简单而唯美。

那个冬天，石评梅出于感激之情，来到吴天放独居的公寓。吴天放依旧是那样，深情款款，软语轻言。然后，他拥抱着她，说出了永远。他求她嫁给他，说要和她做终身的伴侣。天真的少女意乱情迷，终于答应了他的请求。那日，她对他，交付了所有。

窗外，是无垠的冬天。寒梅依旧疏影横斜，她却踏入了无底的深渊。

她终究是爱错了。这场爱情，本就是他的棋局。所有的花前月下，所有的私语缠绵，不过是他不遗余力的表演。对她，他的确是动心了，但他不该，以虚假的诗情画意，撩拨她少女的心湖，继而侵占她似水的年华。

毕竟，他是有妻室的人。可他，从未对她说起。在这场爱情里，她爱得毫无保留，他却只是为了占据她的美丽。后来，石评梅说，上帝错把生命之花植在无情的火焰下，终是醒得太晚。

某天，她在他的住处，见到了他的妻子和孩子。他的妻子，知道了他们之间的事，于是千里迢迢进京向他问责。对面相遇，石评梅觉得十分尴尬。她不曾想到，自己深爱着的那个男子，竟然早有妻室；她亦不曾想到，所谓的天长地久，只是他的信口开河。

刹那间，她的世界崩塌了。爱情于她，如烟如月，没料到，竟会是这般光景！她是唯美的红颜，可是在这段莫名的尘缘里，她却是茫然的棋子。悲从中来，她对爱情失去了概念。

吟诗作赋，你侬我侬。原来只是幻象。

风起的时候，她已在野径荒原。那是她必经的地方，比天涯更远。

石评梅绝望了。吴天放眷念妻小，既不愿意改变婚姻格局，又奢望与石评梅持续这种私情。这个懦弱的男子，绝不是她的归宿。与之相比，遇见林徽因的时候，徐志摩决然离开张幼仪，虽显得无情，倒也快意洒脱。

真爱面前，本就应有几分决绝与勇敢。

对石评梅来说，吴天放的优柔与退缩，是对她极大的侮辱。于是，她发誓斩断情丝，向他索要往日情书。吴天放怕失去石评梅，威胁她说，若要结束，他就把情书在报纸上公开。这个男子，温情与诗意下面，隐藏的是懦弱与卑劣。

石评梅终究还是离开了他，带着愤怒与悲伤。她暗下决心，此生绝不再爱，绝不结婚。她用泪水和着心血，凝成了这样的句子：缠不清的过去，猜不透的将来。一颗心，怎样找到怡静的地方？

心灰意冷，是这场初恋的结局。

情感是个魔鬼，谁要落在他的手中，谁便立刻成了他的俘虏。

心头的酸泪逆流着，喉头的荆棘横鲠着，在人前，都化作了轻浅的微笑。

她如是说。初恋本应绚烂，于她却是深渊。那些阴影，从未从她的心间撤离。

爱情里头，她已凋零。

天涯水湄

你不来，我怎敢老去。

红尘之上，总有人痴心等待，直到地老，直到天荒。

爱是纸页上泛黄的流年似水，是月满西楼，是陌上花开。

但是，对于石评梅来说，爱情只是岁月里的落木萧萧。她曾痴心地爱过，为爱不惜荒了年月。她将最绚烂的年华，都交付给了那场爱情，却终于以悲伤收场。从此以后，她彻底关了心门，不让谁走进去。

后来，那个痴情的男子，愿意为她走遍千山万水，而她却选择了形单只影。伤得太重，她不敢再爱，或者，亦无心再爱。尘世间，她宁愿做孤独的飘萍，也不愿去看爱情里的芳草萋萋。

她仍是那个傲雪的女子。她的性情与诗情，从未改变半分。

于静默的人间，踏雪寻梅；于清冷的夜晚，独上西楼。仍是她的模样。

高君宇，他注定要在远离红尘之后，才能与这悲伤的女子不离不弃。当他披星戴月而来，她已紧闭了门扉。他到底是来晚了。

尘缘不浅，却不曾携手人间，让人唏嘘不已。

在石评梅高师毕业前夕，她与高君宇相识。高君宇1916年考入北京大学英语系，在"五四"运动中，他是北京大学学生会负责人，和许德珩、匡互生等学生代表率先冲进赵家楼。他年轻有为，才华横溢，曾经是孙中山的秘书，1921年加入中国共产党，始终站在革命的最前列。

那日，他们浅淡交流，却又彼此吸引。

他是器宇不凡的公子，她是灵婉清致的红颜。对望的刹那，他们已经在心间，为彼此腾出了空间。只是，在那场惨淡收场的爱情之后，她已失去了爱的勇气。所以，纵然心花怒放，她也只是漠然。

聚会之后，两人就留下了通讯方式，开始了不断的鱼雁往来。从人生到理想，从文学到世界，在那样的书信往来中，爱情已悄然生根。但是石评梅，当心头涟漪渐起的时候，却选择了闪躲。她不曾忘记那年的初恋之痛。那些伤痕太深，就连时光都不能抹去。可以想象，想爱却不敢放手去爱，她的心里定是充满了苦楚。

高君宇，在遇见石评梅的刹那，他便忘记了自己，也忘记了繁华中的光阴如纸。

那嫣然的红颜，是他从未遇见的风景。他愿意在她的世界里，迷失甚至死去。

刹那，花开满地；刹那，沧海桑田。

这痴情的男子，终究会明白，无情不似多情苦。

但是当时，他爱得情难自禁。他相信，他与她，有着三生的缘分。那个名字，和那泠泠的红颜，早已住进了他的心里。于他，这份爱不会落幕。就像那首诗所写：你见，或者不见我，我就在那里，不悲不喜；你念，或者不念我，情就在那里，不来不去。

当然，他必然也想过这样的画面：来我的怀里，或者，让我住进你的心里，默然相爱，寂静欢喜。他爱得真挚而热烈，石评梅却始终不动声色。那些心间的涟漪，那些长夜的相思，她从不对谁说起。

她爱得寂静无语。

　　横在他们之间的，除了石评梅心中的伤痕，还有高君宇那段苍白的婚姻。那年，赴京求学之前，父母为他娶了妻。对他来说，这门婚姻只如牢笼。爱上石评梅以后，他更是想要尽快冲破牢笼，无所挂碍地去爱。终于，几经努力，他回到山西，解除了那段名存实亡的婚姻。

　　对于这场婚姻，他从未对石评梅隐瞒。了断之后，他感到无比快活。

　　初秋，高君宇约石评梅到北大的未名湖畔散步，他把自己解除婚约的事告诉了她。他希望，在他终于了无牵挂的时候，她可以为他打开心门。然而，石评梅依旧默然。

　　爱到沉默，也算是到了极致。只是，人生匆匆，两心相知，却又不能相携，过山过水，过世事云烟，终究是遗憾。明明心动，却只能若即若离，石评梅心中的滋味，也只有自己知晓。

　　他们，只能云水相望，尘缘无比分明。

　　蒹葭苍苍，白露为霜，所谓伊人，在水一方。诗意里面，尽是凄凉。

　　隔着的，不是时光，而是天涯水湄的距离。

　　他在他的世界，念着非她莫属；她在她的流年，想着何去何从。

　　如果她不是心有执念，如果她能淡然地放下，他们之间的故事就不会那般凄绝。但是没办法，她是石评梅，骨子里的感伤与悲观，让她无法从往事里飘然走出。而高君宇，仍在痴痴地等待。直到落花成冢，他依旧在原地，等她为他开启柴扉。

　　1923年10月，北京的西山红叶正浓，高君宇因为革命工作积劳成疾，被组织安排在北京的西山养病。那日，天朗气清，风轻云淡，高君宇徒步赏景，忽见满山红叶不亚于香山秀色，于是触景生情，他采来了一枚红叶，题了小诗寄给了石评梅。

"满山秋色关不住，一片红叶寄相思。"他写下这样的句子，相思之情尽在言中。石评梅收到红叶之后，甚是惊喜。可是在惊喜之余，她又忍不住忆起了往事。她是诗里行走的红颜，何尝不想与所爱之人，红尘携手，诗酒流连？但那些惨淡过往历历在目，她于是不敢憧憬爱情。爱得无声无息，就是她的选择。

"枯萎的花篮不敢承受这片鲜红的叶儿。"这是她的答复。想了很久，她在红叶的背后写下了这样的话语，然后将红叶寄了回去。

她的心事，了无痕迹。

枫红的季节，他们在梦里相见，却又在梦外相离。

高君宇，到底是痴情之人，纵然受尽冷落，他也不愿放手。只因，那年那月，那场相逢，让他的世界开满了花；只因，那个女子，那抹嫣红，早已成了他心头最美的印记。爱到深处，无怨无悔。他知道，石评梅有过初恋的伤痕，他愿意用心去为她抚平。

愿用此生的爱，来修补你的爱。他对她说。

我们只能如此，许是命中注定。她对他说。

情深缘浅，两处的黯然。

1924年初，石评梅患猩红热，躺在病床上，几乎生命垂危，她甚至写好了遗书。高君宇得知后，风尘仆仆地赶去，请大夫、抓药，在石评梅最需要依靠的时候，给了她无比的温暖。石评梅十分感激，但也仅此而已。她说，宁愿牺牲个人的幸福，而不愿侵犯别人的利益，

更不愿拿别人的幸福当作自己的幸福。

这年秋天，广州商团叛乱，高君宇作为孙中山的助手协助平定叛乱。他乘坐的汽车遭到枪击，留下一堆玻璃碎片，所幸只是受了轻伤。大难不死的他，特意去买了两枚象牙戒指，在石评梅生日前夕，将其中一枚寄给了她。在信中，他说："愿你承受了它。或许你不忍，再令它与红叶命运相同。我尊重你的意愿，只希望用象牙戒指的洁白坚固，纪念我们的冰雪友情！"

纵然不能执手人间，他仍希望，他们能双双将象牙戒指戴在手上，直到生命最后。

然而，他的痴情，不曾融化石评梅冰冻的心。

只愿用象牙的洁白与坚实，来纪念我们自己，寂静如枯骨似的生命。

这是她的理解。至于爱情，早已不敢提起。

终究是难圆的梦。

红尘绝恋

生命，都是在泅渡尘世苦海。

我们相遇在扁舟之上。死时同登彼岸，又向不同的世界各奔前程。

但是他们，直到离了红尘故里，才总算走上了同样的路途。

临风对酒，月满西楼，他们不曾有过。人海之中，他们相逢相知，却又隔着距离。他不怨不悔，她若即若离。爱情，就在这样的远近浓淡之间，呈现着别样的缠绵悱恻。

所谓情深意浓，未必是不离不弃。其实，也可以是两心相印的各自天涯。

抱定独身主义的石评梅放浪形骸自是难免。她开始了和烟酒诗歌并进的日子，常与湖光山色共醉，她想用这种生活来冲淡内心的苦闷、用辛辣刺激来麻木自我的灵魂。女子的自尊变得固执己见，再好的钥匙也打不开那心锁。

1925年初，大雪之后，高君宇和石评梅来到银装素裹的陶然亭公园，高君宇突然感慨道："北京城的地方，全被权贵们的车马践踏得肮脏不堪，只剩陶然亭这块荒僻土地还算干净。倘若我有什么不测，你就把我葬在这里。"

3月，高君宇突然病倒，被确诊为急性阑尾炎。几天内，石评梅数次到医院探望，每次都会带一束鲜艳的红梅，有次高君宇睡着了，石评梅把红梅插在床头，悄然留下了字条：当梅香唤醒你的时候，我曾在你的梦中来过。

原本，她就在他梦中，从未离去。而他，恐怕也早已住进了她的心里。

只是，她的寂静与欢喜，从不对谁言说。

爱君如梦，不过如此。

躺在病床上的高君宇看着眼前细心照料自己的石评梅问：世界上最冷的地方是哪里？石评梅说，就是我站着的这地方。如果可以，

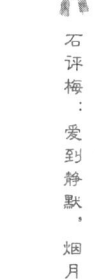

她愿意给他倾世的温柔。但是，那一生，他们终究是有缘无分。

高君宇的病情不断恶化，他感觉自己的生命已走到了尽头。他对请求自己原谅决心独身的石评梅说："我原谅你，至死我也能了解你，我不原谅的，是我不能这样缠绵地爱你了。"

我爱你，但我不敢说，我怕说了，我就会马上死去；我不怕死，但我怕我死了，这世上再没有人如我这般爱你。爱到刻骨铭心，竟是这副模样。泪水成霜的时候，石评梅早已知道，其实自己，也曾这样爱他。

只不过，她的爱，葬在心里。

为了不让石评梅担惊受怕，高君宇拒绝石评梅的陪护，两人约定三天后再见。

不料，这一别，竟是诀别。高君宇永远地沉睡了，带着遗憾。

▲ 石评梅在高君宇墓碑旁

石评梅悲伤欲绝，面对苍天嚎啕大哭。她始终是爱他的。然而，当她终于想对他说出那个爱字的时候,他们已是,人间天上,两无消息。

石评梅说,自己是在高君宇死后才把心完全收回来交给他,用那枚象牙戒指套住了自己此后的人生。在高君宇的遗物中,她找到了当初那片寄情的红叶,上面字迹依然,往事历历在目。可是,红叶能去了又来,人却是再无音讯。

高君宇入殓时,石评梅毅然将自己的一帧最美的照片轻轻地放在高君宇的棺木中作为陪葬,她轻轻地说:"君宇让我陪着你,不然你会太寂寞。不过,你等着,要不了多久,我定随你而去,永远伴着你!"真情相融,令旁边的人泪眼迷离。

她没有食言。几年以后,她果然随他而去,了断了世事纠葛。

她的爱,静默得仿佛不曾有过。但她的确,真心地爱过。

依照高君宇生前的嘱托,石评梅把他安葬在陶然亭公园。这里,他们曾经驻足,留下故事如风。在高君宇墓碑文上,石评梅刻下了自己的悲伤:"君宇!我无力挽住你迅忽如彗星之生命,我只有把剩下的泪流到你的坟头,直到我不能来看你的时候"。

此后,在高君宇墓前,常有石评梅的身影。无边哭泣,草木同悲。同时,石评梅还写了许多纯美的诗文,追悼和纪念她心中最爱的高君宇。

石评梅在回忆中度日,除了拼命地工作,便是整理高君宇的文集。

带着思念与悔恨,她熬过了三年。过得无滋无味。

对弈的人已走,红尘之内的这盘残棋,便没了推敲的价值。

终于,她病倒了。因为漫长的忧郁,她早已骨瘦如柴。十几天后,

民国女子那般美丽

▲ 石评梅与高君宇石雕像（由本书编辑拍摄于北京陶然亭公园）

她离开了人世，只有26岁。悲欢离合，终于放下。她知道，遥远的路上，他依旧在痴痴地等着，如从前那样。

好友庐隐和陆晶清在协和医院整理石评梅遗物时，还发现她的枕头下有一本日记，日记里夹着高君宇的遗像，还有当年那片高君宇在西山寄给她的红叶。日记的扉页上用毛笔写了两行字：生前未能相依共处，愿死后得并葬荒丘！

根据石评梅生前的遗愿，人们将她葬于陶然亭公园高君宇的墓旁。同时入葬的，还有那枚象牙戒指。这是他与她之间的信物。红尘之外，因为此物，他们总能认出彼此。

她本是梅花般的女子，在乱世的时光里傲然绽放着。

月为神，柳为态，玉为骨，雪为肤。她是这样。

秋水为姿，诗词为心。若不是命运多蹇，她本应活得精致如诗。然而，世事如谜，她走入了那段莫名的尘缘，于是从此，生命变得凄凉。

清风明月，煮酒写诗，踏雪寻梅，渔舟唱晚。她曾在最美的年华里，无数次幻想过这样的情节。但是最终，命运的拨弄，让她错了方向。当那痴心男子到来，她已为自己的人生，打上了死结。

他们爱得深沉，却又咫尺天涯。

爱到深处，可以静默。

最美的爱情，不是花前月下，不是相濡以沫，而是，碧落黄泉，生死不离。

如今，走过陶然亭公园，看他们相依的身影，竟有些欣慰。

年年月月，生生死死，红颜从未老去，故事从未褪色。

原来，爱情可以是这样。